U0041531

What Is Seen
and
What Is Not Seen

The
Law
The
Candlemakers'
Petition

看得見

與

的

經濟效應

為什麼政府常犯錯、百姓常遭殃？
人人都該知道的經濟真相

Frédéric Bastiat

弗雷德里克‧巴斯夏—著

譯—黃煜文、李靈芝

經濟趨勢 64

看得見與看不見的經濟效應

為什麼政府常犯錯、百姓常遭殃？人人都該知道的經濟真相

（《看得見與看不見的》增訂改版）

作　　　者	弗雷德里克‧巴斯夏（Frédéric Bastiat）
譯　　　者	黃煜文、李靈芝
責 任 編 輯	林博華
行 銷 業 務	劉順眾、顏宏紋、李君宜

總 　編 　輯	林博華
發 　行 　人	凃玉雲
出　　　版	經濟新潮社
	104台北市中山區民生東路二段141號5樓
	電話：(02) 2500-7696　傳真：(02) 2500-1955
	經濟新潮社部落格：http://ecocite.pixnet.net
發　　　行	英屬蓋曼群島商家庭傳媒股份有限公司城邦分公司
	104台北市中山區民生東路二段141號11樓
	客服服務專線：02-25007718；25007719
	24小時傳真專線：02-25001990；25001991
	服務時間：週一至週五上午09:30~12:00；下午13:30~17:00
	劃撥帳號：19863813　戶名：書虫股份有限公司
	讀者服務信箱：service@readingclub.com.tw
香港發行所	城邦（香港）出版集團有限公司
	香港灣仔駱克道193號東超商業中心1樓
	電話：(852) 25086231　傳真：(852) 25789337
	E-mail: hkcite@biznetvigator.com
馬新發行所	城邦（馬新）出版集團 Cite (M) Sdn Bhd
	41, Jalan Radin Anum, Bandar Baru Sri Petaling,
	57000 Kuala Lumpur, Malaysia.
	電話：(603) 90578822　傳真：(603) 90576622
	E-mail: cite@cite.com.my
印　　　刷	漾格科技股份有限公司
初 版 一 刷	2012 年 12 月 13 日
二 版 一 刷	2018 年 1 月 30 日
二 版 二 刷	2021 年 1 月 18 日

城邦讀書花園
www.cite.com.tw

ISBN：978-986-95263-7-1

售價：320元

「我們這個時代盛行著一種幻覺，以為透過彼此犧牲一些利益可以造福所有的階級——以法律為幌子，實際上進行的卻是全面掠奪。」

「法律會被誤用，主要有兩個原因：不智的自私，和錯誤的博愛。」

「社會問題的解決必須仰賴自由。」

——弗雷德里克‧巴斯夏（Frédéric Bastiat）

目　次

大債時代的一帖良藥
——呼喊「自由」

吳惠林

一段不短時間以來，幾個疑問一直在腦海中盤旋：

現代社會是進步還是退步？

短期重要還是長期重要？

直接效果重要還是間接效果重要？

政府真是「必要之惡」嗎？

法律是保護個人還是戕害個人的工具？

當代經濟學是否已失去其本質？

雖然我早有定見，也看到相對少的名家有精彩的看法，但直到看了這本小書，才有更踏實的、堅定的信念，也才有非常確定的答案，而且可以歸結為：現代政府的角色扮演錯誤、政府政策嚴重失誤，所以「現代社會持續向下沉淪」，

當然是「退步了！」

向下沉淪的現代社會

當今人類飽受天災人禍之苦，自20世紀30年代以來，就籠罩在金融風暴、經濟蕭條、「大債危機」、「債留子孫」的陰霾中。這些風暴和淒涼現象的形成並非一朝一夕，但可總括一句：受到凱因斯主義和社會主義的荼毒。凱因斯主義以「政府創造有效需求」，社會主義以「政府維護公平正義」的大纛，讓政府名正言順、堂而皇之以各種管制政策（美其名為公共政策，現今以印鈔救市大行其道）和重分配政策（社會福利是代表），利用「法律」強行大力干預戕害「個人自由」和產權，雖然「自由化」、「去管制」曾造成風潮，但都曇花一現，無疾而終，就因為凱因斯主義和社會主義的「觀念」太迷人，威力太強大。由於人類的短視近利，讓政府不斷坐大，即便知道其為惡之大，也以「必要之惡」這個矛盾詞語為藉口來維繫之。除非將此兩種理論徹底破除，否則人類將陷於水深火熱萬劫不復之境，這本小書可以扮演破迷之鑰和利器。

本書的主要兩篇文章，都是在1850年寫成的，作者是

法國人巴斯夏（Frédéric Bastiat），1801年出生，1850年去世，可說英年早逝。他是經濟學家、政治家，也是立法議會的議員，由理論和實際經驗體認到政府管制和法律「合法掠奪」的可怕，乃挺身而出，為公民自由、私產、自由貿易辯護，這兩篇在他死前不久寫成的文章，最具代表性。對照一百六十年後的今天，不但不過時，反而更適用，書中所談的現象及觀念現今不但都存在，甚至變本加厲。俗話說：「不聽老人言，吃虧在眼前。」將這位作古一百六十年的哲人之言再現人間，是瀕臨衰亡的人類之一大福音。

一本破迷的寶書

本書第一篇〈看得見與看不見的〉，以十二個實例來說明政府管制政策的效果，人們往往只強調和看重「看得見」的部分，「看不見」的部分被忽視或根本不知道。其實，這只是當前流行且幾乎人人琅琅上口的「機會成本」概念，也是「第二輪效果」、「間接效果」、「長期效果」等等概念，儘管近年高聲疾呼重視這種看不見的效果者大有人在，奈何仍成耳邊風，政府當局更是聽而不聞。近期的台灣最顯著的例子是「基本工資調整」，乍看之下向上提升基本工資水

準會讓低工資者受惠，殊不知嚴格執行之後，會讓這些人失去工作，這是本篇第12個例子「就業的權利與獲利的權利」的相似情況。而第1個例子「破窗戶」則是泛例。

可怕的「合法掠奪」

本書第二篇〈論法律〉讓人怵目驚心，所說的也正是台灣當前正上演的「法律是工具」戲碼，明顯「保護有錢、特權」，而欺負、掠奪「窮人、弱勢者」，一般人普遍有著「閉門家中坐，禍從天上來」的疑慮，而禍之來乃法律惠賜也。這種「合法掠奪」比起「法外掠奪」更可怕，也就是民間傳言的「白道比黑道更可怕」之寫照。巴斯夏告訴我們：「法律有時會與掠奪者站在一起，甚至會親自進行掠奪，好讓受惠者免於羞恥、危險與良心不安。法律有時會動用法院、警察、治安人員與監獄體系為掠奪者服務，當被掠奪者起而為自己辯護時，反而成了階下囚。簡單地說，這就是所謂的『合法掠奪』。」他舉出1850年代所進行的合法掠奪的組織掠奪計畫，如：關稅、保護、分紅、補貼、誘因、累進稅、義務教育、就業權、獲利權、薪資權、救濟權、生產工具權、無息貸款等等不一而足。這些計畫的共通點在於它們

都是合法掠奪，而且這些計畫全都是「社會主義」主張的措施。這些一百六十年前的事情，不也是今天的事務嗎？現代社會當然是退步，而且是愈來愈沉淪！

　　唐太宗「以史為鏡」終究無法廣被人間，而「歷史的教訓就是從未由歷史得到教訓」，原因安在？正確的觀念無法浸淫灌輸是主因，而正確觀念難以說清，難以正確言傳又是根本原因。這本言簡意賅，以實例解說的小書，實在是最佳觸媒，愈多人看就愈能讓人類轉向正路，能不讓它廣傳嗎？

（本文作者為中華經濟研究院研究員）

自由、正義、財產、法律
——為巴斯夏序

黃春興

1.

　　在思想界眼中，法國擁有一批能呼風喚雨的左派學者，是街頭示威與罷工的革命聖地。但台北東區逛街的女士則有不同的看法，她們心中的法國是個遍地香水與化妝品和街頭盡是時尚仕女的自由國度。這種認識上的落差，也同樣顯現在個人身上。從小，我們就讀過太多不滿資本主義的學者所編寫的教科書，叫得出伏爾泰、盧梭、聖西門、沙特、哈伯瑪斯等偏愛社會主義者的大名，卻想不起來任何一位捍衛自由主義的法國學者。或許還有托克維爾的模糊影子，但是巴斯夏（Claude Frédéric Bastiat, 1801-1850）呢？

　　巴斯夏和托克維爾生在同個時代，那時，人類開始探索現代民主。百年前，孫中山為了鼓吹民主，就是以「四萬萬

個皇帝」去描繪民主之後的中國和人民的權利。四萬萬個皇帝是可怕的，不只潛藏著無休止的戰爭，更在於每個皇帝都是想落實「計畫天下、干預個人」的專制。西方學者的發現是，民主的根源落在強調自由的個人主義上，但同時，失去規則的民主運作也會剝奪個人的自由。

巴斯夏的論述是以經濟邏輯為依據，發現各種以社會福利為目標的干預政策都必然失敗。由於認識到社會主義在邏輯上的不可行，他堅決地捍衛個人主義，鼓吹經濟自由。在當時，馬克思稱他是「庸俗經濟學辯護論最淺薄也最成功的代表」。

然而，巴斯夏還是抵擋不住十九世紀的社會主義浪潮，遭到長期的冷落。直到近幾年，南歐國家（其實也包括法國）因長期追求福利政策「看得見」的利益，故意漠視「看不見的」巨大代價，接二連三地爆發主權債務危機。洶湧的歐債危機撲來，人們才想起這位自由主義大師和他的名言：「看得見與看不見的」。其實，在2007年的次貸危機，當美國政府以巨資為大財團紓困時，揭竿而起的茶黨就喊出巴斯夏在〈論法律〉的名句：「我們這個時代盛行著一種幻覺，以為透過彼此犧牲一些利益可以造福所有的階級──以法律為幌子，實際上進行的卻是全面性的掠奪。」（第124頁）。

2.

　　〈看得見與看不見的〉是巴斯夏在《政治經濟學選集》的首篇。海耶克在該書英文版的〈序言〉裏稱讚他是一位天才，因為「從來沒有人能用這麼簡單的一句話，就清楚地揭示理性經濟政策的核心困難和，我更願意說是，經濟自由的確切論述。」❶海耶克「更願意說」的是，經濟自由並不是一項信念或信仰，而是對經濟政策的看得見效應與看不見效應的理性理解。個人不會去採用看得見損失的（經濟）政策，卻很容易被看得見利益的政策所吸引。巴斯夏說，任何的政策（或行動與法律）都會引發一連串的效應，立即的效應看得見，但一段時間之後的效應就看不見。這些效應可能是利益，也可能是損失。如果看不見的損失超過看得見的利益，政策就必須拋棄。因此，完整的政策效應必須總計這些「看得見與看不見」的利益與損失。

　　巴斯夏更深入看這問題。他繼續把問題分成兩個層次。第一個層次是如何預估那些看不見的效應？經驗是較草率的估算手段。相對地，經濟學分析（那時稱政治經濟學）提供

---

❶ 編按：海耶克（F.A. Hayek）的序言可參考http://www.econlib.org/library/Bastiat/basEss0.html#Introduction, by F. A. Hayek

一套可推演的因果邏輯去預示可能的效應。評價一項政策，必須經過徹底而完整的經濟分析。巴斯夏討論了不同政策的看得見之利益與看不見之損失，質疑道：我們為何只看到立即的利益就貿然採用？為什麼不好好評估政策的完整效應？為什麼那麼短視？難道這是人的本性？他說，這些政策的推出「不單純只是順著自己的本性，也自以為是經過深思熟慮的。」（第25頁）既然經過深思熟慮，就不是短視。短視不是人的本性，「私利的追求（才）是人類本性的主要動力」。那麼，在深思熟慮之後，政策的執行者在追求什麼樣的私利？

「看不見的」不僅是指現在尚未發生的利益或損失，也同時指獲得利益或遭受損失的對象。巴斯夏稱該對象為「第三人」，而這「第三人」可以是利益團體（第一人）或政策制訂者（第二人），或是兩者之外的平凡百姓。在民主制度下，利益團體發起政策並推動立法。出於私利，他們會挑選如下的政策：讓平凡百姓看得到立即的利益，卻看不見未來的效應。當然，平凡百姓必須是立即的獲益者，這一點利益團體不必去爭。利益團體等待的是更大的未來利益，而這些未來利益是平凡百姓看不見的，自然也不會歸屬他們。相對地，平凡百姓將承擔他們看不見的未來損失。

在「貿易限制」一節裏（第64-71頁），巴斯夏很詳細地描述利益團體（保護主義先生）如何以言論蠱惑立法者、如何誘使他們去說服平民百姓、如何通過表決的過程。他說：「保護主義先生只指出看得見的效果，卻對看不見的效果置之不理。明明畫裏有三個人，他卻只提到兩個人。因此，無論是有心還是無意，我們都應該將他忽略的部分補上。」（第67頁）

當他說到「我們都應該將他忽略的部分補上」時，也同時指明經濟學家的社會責任，就是讓平民百姓「看得見」他們原先「看不見」的效應和其效應的分配。平民百姓一旦明白自己的分配額，「知道看不見的部分抵銷了看得見的部分，（就會發現）整個運作的過程是不公正的。」經濟自由的第一層問題是經濟邏輯，在清楚經濟邏輯之後，經濟自由的第二層問題自然就落在正義問題上。書中第二篇文章〈論法律〉就清楚指出，捍衛經濟自由，其目的是為了捍衛正義。遺憾地，直到今日，許多人還對經濟自由存在很深的誤解。

利益團體利用平民百姓對經濟學知識的欠缺和他們擁有投票權的民主制度，讓他們在無知下支持裹著糖衣的法律。經由這些法律，利益團體掠奪了平民百姓的財產，巴斯夏稱

此過程為「合法掠奪」，而已逝的經濟學家蔣碩傑稱之「五鬼搬運」。合法掠奪的方法多不勝數，與其相應的掠奪計畫也多如牛毛。在巴斯夏看來，貿易限制、關稅、累進稅、義務教育、就業權利、最低薪資、公共工程等都是合法掠奪。這些政策與法律看似有利於弱勢族群，但其實未必，因為看不見的損害常遭故意忽略。

巴斯夏指出，利益團體發現利用法律可以更容易實現其企圖，並讓平民百姓去承受未來的損失。因此，捍衛正義，就必須讓法律有能力不讓合法掠奪出現，更不能讓法律成為合法掠奪的工具、不要讓它被誤用、不要讓它墮落。法律必須保障個人的生命、財產和自由，不能犯下掠奪個人生命、財產和自由的惡行。捍衛正義，就是捍衛個人的生命、財產和自由，就是捍衛法律。法律就是正義，法律就是正義，法律就是正義……。他重複了七遍以做為〈論法律〉的結論。

3.

巴斯夏從經濟邏輯切入，指出政府經濟事務的合法掠奪。因此，有人視他為反對凱因斯政策的先知，也有人說他是奧地利學派的武林前輩——他較海耶克早出生百年。海耶克在英文版〈序文〉裏，除了討論巴斯夏的論述外，也提到

如何繼續發展他的思想。要將巴斯夏的思想帶入當代，首要的工作就是指出時代環境的差異，然後才能生根開花。

海耶克簡單地陳述了百年來的環境變化。第一，在巴斯夏時代，廣大的百姓和政府官員對經濟學知識還很陌生，也就看不見政策的全面效應。於是，巴斯夏選擇對一般百姓和政府官員傳播的使命，提醒他們警戒利益團體對政策與法律的滲透。到了二十世紀，經濟學知識已普及，利益團體無法繼續蒙蔽一般百姓和政府官員，必須借用更艱深難懂的理論。因此，當代自由主義者的工作是，指出隱藏在計畫經濟或干預主義理論中的種種錯誤，和合法掠奪的可能發展。第二，在巴斯夏時代，政府預算以預算平衡為原則，任何的新支出計畫必須伴隨著新稅收計畫。即使人們看不見新增支出或稅收的後果，但對增加稅賦的心痛感覺卻是深刻的，而這心痛感覺能提高他們對政府的警覺。但在凱因斯政策盛行之後，政府從赤字財政理論獲取揮霍的合理性，又利用發行公債代替增稅以麻醉人民的心痛感覺。於是，政府債務愈累積愈大，合法掠奪也愈來愈嚴重。

從海耶克的〈序言〉至今，又過了半世紀。在這本中文版的序言裏，我必須指出這半世紀以來的環境變化，以及當代自由主義者所應警覺的新環境。巴斯夏說，「法律被誤

用，主要是受到兩項非常不同的因素影響：不智的自私與錯誤的博愛。」（第113頁）他又說，「我們反對的不是自發性的博愛，而是法律規定的博愛。」（第134頁）他的意思是，自由主義者不會反對博愛，反對的是法律規定的博愛，因為法律已遭誤用，因此，法律規定的博愛只是錯誤的博愛，不是真的博愛。在今日，碎細化的社會主義者正借「正義」之名批判自由經濟，同樣地，我必須說：自由主義者不會反對正義，反對的是法律規定的正義，因為法律已遭誤用，因此，法律規定的正義只是錯誤的正義，不是真的正義。

錯誤的博愛與錯誤的正義，是指博愛與正義的內容遭到扭曲和誤導。在巴斯夏看來，扭曲和誤導的來源是，假借其博愛與正義之名的政策或法律只願說出看得見的利益，故意隱蔽了看不見的損害，尤其是當受害者是平民百姓時。在經濟學知識尚未成熟時代，巴斯夏對平民百姓和政府官員指出的看不見的損害，若以當代的經濟知識來說，大都是人類重新調整行為後的經濟後果，其中許多都可以經由經濟行為誘因的分析而預知其結果。

經濟行為誘因本是人類的行為反應，當經濟學家深入研究並獲致一些成果後，逐漸地也將它視為類物理法則而開始想加以干預與控制。的確，已有經濟學家成功設計了能實現

計畫者預設目標的一些誘因機制型的政策與法律，甚至還獲得經濟學界的最高桂冠。問題是，人類的行為反應是為了追求自己目標的實現，而不是去實現他人的計畫目標。個人就是目的，不需要他人幫其設定目的，更不是實現他人目標之工具。在這裏，做為第三人的平凡百姓是否真的看得見那些被隱藏在公告目標下的利益？是否看得見被隱藏的其他目標？是否看得見自己未來可能承擔的損失？更可悲地，在誘因機制與經濟設計裏，連做為第一人的設計者也都只能看得見他們計畫的目標能否實現，卻看不見人類行為遭到扭曲之後的反應和將導致的破壞。

　　寫完這篇序言，我和女兒簡單地討論了本書的內容，也談到譯者。我們驚喜地發現本書譯者就是翻譯《我們最幸福》的黃煜文。由於譯文流暢，文字洗鍊，使原本即已誘人的情節更加生動。記得年初，我們輪流閱讀《我們最幸福》時，那被等待者催促的壓力只有早年在輪流閱讀武俠小說時方可比擬。

（本文作者為國立清華大學經濟學系副教授）

看得見與看不見的^❶

What Is Seen
and
What Is Not Seen

❶ 這本小冊子出版於一八五○年七月,是巴斯夏最後完成的一部作
品。這本書原本承諾要再早個一年多出版,卻因作者搬家——從施
瓦瑟爾街(rue de Choiseul)搬到達迴街(rue d'Algen)——原稿遺
失的關係而受到耽擱。在經過長期而毫無進展的研究之後,巴斯夏
決定重寫一遍,以此做為他最近將在國民議會(National Assembly)
發表的幾場演說的論據基礎。當他完成這份稿子之後,他又自責寫
得太嚴肅,於是把這第二份手稿付之一炬,之後寫出來的就是我們
現在看到的這篇文章。——法文版編者注

　　在經濟領域中，單一的行動、習慣、制度與法律，可能會產生不只一種效應，而是一連串的效應。在這些效應中，最早出現的效應是立即性的，幾乎在原因發生之後立刻就出現了，它是看得見的。其他的效應則要一段時間之後才會出現，它們往往看不見。如果我們能預見（foresee）這些看不見的效應，那麼我們是很幸運的。

　　壞的經濟學家與好的經濟學家只有一點不同：壞的經濟學家只注意看得見的效應；而好的經濟學家則會考慮看得見的效應，以及那些必須加以預見的效應。

　　雖然只有一點不同，但是差別可大了：因為我們幾乎總是看到，當立即出現的是人們樂見的結果時，日後出現的卻是一連串災難性的後果；反之亦然。因此，壞的經濟學家往往為了追求微小的近利，而忽略日後可能引發的巨大災難，反之，好的經濟學家為了追求日後的巨大利益，往往敢於承擔眼前可見的小小風險。

　　當然，健康和習慣也是如此。一開始越讓人覺得舒服愉快的習慣，日後越讓人感到痛苦不堪：例如縱情酒色、怠惰、浪費。當一個人受到看得見的效果所吸引，而還沒有學會辨識看不見的效果時，他會沉溺於可悲的習慣之中。他這麼做，不單純只是順著自己的本性，也自以為是經過深思熟

慮的。

　　這說明了人類必須經過痛苦的演化。當人類還在搖籃裏
的時候，無知圍繞著他；他因此必須根據行為產生的第一個
結果來調整自己的行為，對一個嬰兒來說，他所能看見的也
只有眼前的結果。唯有經過一段時間之後，他才能學會考慮
其他的結果。❷在這個時候，會有兩名性格迥異的老師來教
導他，它們是經驗（experience）與先見之明（foresight）。
經驗的教導方式很有效，卻也很殘酷。經驗藉由實際感受
的方式讓我們了解行為的後果，只要實際被火燒過，我們一
定能了解被火燒是怎麼一回事。然而如果可以的話，我希望
能換掉這名粗魯的老師，另外找一名溫和的老師——先見之
明。基於這個理由，我要研究一下幾個經濟現象的結果，把
看得見的結果與看不見的結果放在一起比較看看。

---

❷ 參見《和諧經濟論》（*Economic Harmonies*）第十章。——法文版
　編者注

一、破窗戶

你是否看過平日看來穩重的詹姆斯❸因為不聽管教的兒子意外打破了一片玻璃而發怒的樣子？如果你曾看過這幅景象，那麼你肯定也看到旁觀者（哪怕多達三十人）異口同聲地安慰倒楣的受害者：「舊的不去，新的不來。這個意外剛好讓修窗戶的人有事做。大家都得過日子。如果沒人打破窗戶，那玻璃師傅不就得喝西北風啦？」

這種安慰性質的應酬話，其實包含了一整套理論，我們正好可以利用這個非常簡單的例子來說明它。因為很不幸地，正是這套理論構成了我們絕大多數經濟制度的基礎。

假設修理窗戶需要六法郎。如果你認為這場意外是為玻璃師傅提供了價值六法郎的生意，那麼我同意。我不會爭論這點，你的推論是對的。玻璃師傅過來，做好他的工作，收下六法郎，心中暗自高興，同時也衷心感謝那名魯莽的孩

---

❸ 譯注：在本文中，詹姆斯象徵社會一般人。也就是說，詹姆斯的判斷與感受，代表著社會上絕大多數人若處於他的狀況，也會有同樣的判斷與感受。

子。這是看得見的部分。

但是，如果你的結論是——人們常常做出這樣的結論——認為打破窗戶是好事，不僅有助於貨幣流通，還可以促進整體產業的發展，那麼我不得不大聲說：絕非如此！你的理論只提到看得見的部分，卻沒有考慮看不見的部分。

沒有被看見的是，我們的民眾花了六法郎買了一樣東西，就不可能花同樣的六法郎去買別的東西。看不見的是如果屋主不需要換玻璃，他就可以拿這六法郎換掉（例如）磨損的舊鞋，或為自己的書房添購一本書。簡言之，他可以將這六法郎花費在某種用途上，或者是現在不需要但是未來可能需要的事物上。

接下來讓我們來看看整體的產業。窗戶被打破，玻璃產業獲得價值六法郎的生意，這是看得見的部分。

如果窗戶沒有被打破，那麼，製鞋產業（或是其他產業）將可能獲得價值六法郎的生意，這是看不見的部分。

如果我們同時考量「看不見的部分」（它是負面因素）與「看得見的部分」（它是正面因素），那麼我們應該了解，不論窗戶有沒有被打破，對於整體的產業或全國的就業，都沒有幫助。

現在，讓我們來看看詹姆斯的情況。

在第一種情形，也就是窗戶被打破了，他得花費六法郎，來擁有一扇窗戶——他的效用不比以前多，也不比以前少。

在第二項情況下，也就是意外並沒有發生，則他可以用六法郎買一雙新鞋，在擁有窗戶的同時，還得到一雙新鞋。

現在，既然詹姆斯是社會的一份子，考量一下整個社會的勞動與效用，我們必然可以得出這個結論：這個社會喪失了那扇破掉的窗戶的價值。

如果將這個論點一般化，我們可以得出一項出乎意料的結論：「一旦社會上某個事物意外遭到破壞，則我們就永遠失去了這件事物帶給我們的價值。」這使人想起一句讓保護主義者毛骨悚然的格言：「破壞、摧毀、驅散，沒有一樣可以促進國民的就業」，或者更簡單地說：「破壞無法產生利益。」

對於這點，《產業箴言報》（*Moniteur Industriel*）❹會怎麼說？令人尊敬的德・聖夏曼先生（M. de Saint-Chamans）❺

---

❹ 譯注：立場偏向貿易保護主義的產經報紙。

❺ 譯注：德・聖夏曼曾於波旁王朝復辟時期（1814-30 年）擔任國會議員（1824-27 年）。他的立場偏向貿易保護主義。

曾經精確計算一旦巴黎發生大火,產業將在城市重建中獲得多少好處,他的追隨者又會怎麼說?

我很遺憾打亂了德·聖夏曼先生精確的計算,特別是這些計算的精神已成為我們立法的一部分。但我想拜託他重新計算一次,這回除了看得見的部分,還要把看不見的部分也算進分類帳裏。

讀者必須留意,在這個小故事中不只兩個人,還有第三個人。詹姆斯代表消費者,他原本擁有兩件事物的快樂,破窗事件使他只剩下一件事物的快樂。第二個人是玻璃師傅,他代表生產者,意外事件對他的產業有利。第三個人是鞋匠(或其他製造商),他的產業因意外事件而蒙受損失。第三個人一直位於暗處,他代表看不見的部分,但他是這個問題當中的關鍵要素。他使我們了解破壞會帶來獲利的想法有多麼荒謬。而他隨後會告訴我們,認為貿易限制可以帶來獲利的想法,就跟破壞可以帶來獲利的想法一樣愚蠢。因此,如果你深入探究所有支持限制主義措施的觀點,你會發現那不過是老調重彈:「如果沒有人打破窗戶,那麼玻璃師傅該怎麼過日子呢?」

二、軍隊復員

　　國家跟人一樣。一個人想讓自己得到滿足，他必須衡量自己追求的事物是否合乎成本。對國家來說，安全是最重要的利益。如果國家為了獲得安全而必須動員十萬人當兵，並花費一億法郎，我無話可說，因為國家安全是一種必須以犧牲為代價而換來的利益。

　　讓我好好解釋一下我的觀點，以免產生誤解。

　　有一名國會議員提議讓十萬名士兵復員（退伍），如此可以讓納稅人減少繳納一億法郎的稅金。

　　假設我們只是這麼回答他：「這十萬名士兵與一億法郎對我們的國家安全來說是不可或缺的。沒錯，它是一種犧牲。沒有這種犧牲的話，法國將被內部不合或外敵侵略所撕裂。」我不反對這個論點，因為這種說法視情況不同可能為偽也可能為真，而且從理論上來看，這個論點也是合乎經濟學的。唯有當這個犧牲本身是為了要造就某人的利益，才是壞的經濟理論。

　　如果我沒看錯的話，提案的議員一走下臺，就會有另一名議員立刻衝上臺前說道：

「讓十萬名士兵復員！有沒有搞錯？他們會變成什麼樣子？他們要靠什麼維生？自己賺錢嗎？你難道不知道現在到處都是失業者，所有的行業都人浮於事？難道你想把他們丟到職業市場裏增加競爭，拉低薪資率？現在哪怕要勉強糊口都很困難，國家養兵，對這十萬人來說難道不是件好事嗎？讓我們好好想想，軍隊需要酒、衣物與武器，這讓工廠與駐防的城鎮有生意可做，對於無數供應商來說，這簡直是天上掉下來的禮物。現在，你還堅持要讓十萬名士兵復員嗎？」

我們發現這名議員支持保留原來的軍隊編制，不是因為國家需要軍隊保家衛國，而是為了經濟的理由。我反對的正是這種思維。

十萬名士兵，需要納稅人繳納一億法郎的稅金，這些士兵靠這一億法郎生活，也讓供應商有生意可做：這是看得見的部分。

然而，用來維持軍隊的一億法郎是從納稅人口袋掏出來的，納稅人少了這筆錢，生活不僅受影響，也會減少向供應商購買物品：這是看不見的部分。現在麻煩你算一下，然後告訴我，民眾到底有沒有獲利。

依我來看，我會告訴你「損失」在哪裏。為了便於解說，我把十萬名士兵與一億法郎改成一個人與一千法郎。

　　我們來到甲村。徵兵人員到處巡迴，招募了一個人。稅務人員也到處巡迴，徵收了一千法郎。人員與資金全都運送到梅斯（Metz），士兵在梅斯什麼也不用做，他只要領取一千法郎薪餉然後花掉，便養活了此地做生意的人。如果你只觀察梅斯的狀況，那麼是的，你的說法千真萬確：養活一個士兵的確連帶養活了其他人。然而如果你回頭看看甲村的狀況，那麼除非你瞎了眼，否則你的看法一定會一百八十度轉變。你會看到甲村不僅少了一名勞工，也少了本來可以付給這名勞工的一千法郎薪資，而當地的生意也因為少了這名勞工花用一千法郎而營收減少。

　　乍看之下，損失似乎可以完全抵銷。原本在甲村發生的事，現在在梅斯發生，所以只是單純人員與資金的移動而已。然而這正是損失出現的地方。在甲村，某人掘土勞動：他是一名工人；在梅斯，這個人做的要不是「向右看齊！」就是「向左看齊！」——他是一名士兵。在這兩個例子裏，牽涉的金錢數量與流通方式完全相同：但其中一個例子有三百天是具生產力的勞動，而另一個例子則是三百天不具生產力的勞動。當然，我們在這裏假設有一部分的士兵不用負責公共安全。

　　現在我們回頭來談復員。你提到復員會造成十萬名工人

過剩，如此一來將加劇競爭，對薪資率構成壓力。這是你看到的部分。

但這裏有你沒看到的部分。你沒有看到讓十萬名士兵返鄉，並不表示少了一億法郎的消費，而是將這一億法郎還給了納稅人。你沒有看到把十萬名工人丟進市場的同時，市場也會出現一億法郎準備僱用他們；士兵返鄉不僅增加工人的「供給」，也會增加對工人的「需求」。因此從這點來看，所謂薪資降低不過是一種幻覺。你沒有看到在軍隊復員前後，一億法郎都對應著十萬人。整體來看，唯一的差異在於：復員之前，國家給十萬名士兵一億法郎讓他們從事無生產力的勞動；復員之後，國家給十萬名工人一億法郎，但他們從事的卻是具生產力的勞動。最後，你沒有看到當納稅人掏出錢來，無論這筆錢是給無所事事的士兵還是努力生產的工人，金錢流通的結果長期而言都是一樣的：唯一不同的是，付錢給工人，納稅人還能得到東西；付錢給士兵，只是有去無回，結果還造成國家的絕對損失。

我在此抨擊的詭辯，只要將它適用的範圍稍加延伸，就能檢驗出其中的缺失，這是一切理論原則的試金石。如果我們考慮了一切可能，結果發現擴充軍隊規模可以讓「國家獲利」，那麼為什麼不乾脆讓國內所有的男人都去當兵呢？

三、稅收

你是否曾聽人這麼說：「繳稅是最好的投資；它們是滋潤生命的雨露。你可以看見政府的稅收養活了多少家庭，你可以想像稅收對產業的間接效果；稅無遠弗屆，只要有人生活的地方，就有稅這東西。」

為了反駁這種說法，我不得不再次引用我先前用來反對的理由。政治經濟學很清楚它自己的論點還沒有有趣到可以讓人用這句諺語來形容它：讓人一說再說的事一定是有趣的事（Repetita placent）。因此，就像巴吉爾（Basile）❻一樣，政治經濟學也依照自己的目的「改寫」這句諺語，而這句話從政治經濟學來看，似乎還頗能說服人：「讓人一說再說的事一定是有道理的事（Repetita docent）。」

政府官員因為稅收而得以領取薪餉，這個利益是「看得見的部分」。而官員領取薪餉後消費，利益與其他供應商均

---

❻ 譯注：巴吉爾（Giambattista Basile, 1575-1632）是義大利詩人，曾經擔任傭兵到四方作戰。他仿做薄伽丘（Giovanni Boccaccio）的《十日譚》（*Decameron*），寫下了童話故事集《五日譚》（*Pentameroen*）。

霈，這也是看得見的部分。這些好處顯而易見。

然而，政府課稅給納稅人帶來的不利，這是看不見的部分。納稅人繳稅之後，可以向商人購買商品的錢隨之減少，商人因此蒙受不利，這是「更看不見的部分」。然而如果我們能稍加思考，這樣的事實其實也是顯而易見。

政府官員領到一百蘇幣（sous）❼，這表示納稅人口袋裏少了一百蘇幣。但政府官員領到薪水然後花掉，這是看得見的部分，因為大家都看得到他花錢；但納稅人口袋裏少了錢，卻是看不見的部分，因為──令人嘆息的就在這裏──他無錢可花，自然也就沒人看到他花錢。

你把國家比喻成乾枯的土地，把稅收比喻成滋潤生命的雨水。這麼說也可以。但你應該問問自己，這些雨打哪兒來的，它不正是從土壤裏吸取溼氣，讓大地乾枯的元兇嗎？

你應該仔細思考一下，土壤得到的珍貴雨水是否真的多於土壤蒸發所喪失的水份？

可以確定的是，當詹姆斯點齊一百蘇幣交給稅吏時，他並沒有換得任何東西。然後，當政府官員花用這一百蘇幣時，這筆錢又回到詹姆斯身上，但詹姆斯卻必須提供等價的

---

❼ 譯注：蘇幣（sou）是昔日法國貨幣，一法郎等於二十蘇幣。

小麥或勞力。最後的結果是，詹姆斯平白損失了五法郎。❽

　　通常（你也可以說幾乎總是如此）政府官員會提供詹姆斯等價的勞務。如果真是如此，那麼官員與詹姆斯彼此均無損失；雙方存在的只是價值交換的關係。因此，我的論點關注的絕不是運作正常的狀況。我說的是：如果你想創設新的官署，那麼必須先證明它的用途。你必須證明，對詹姆斯來說，官署提供給他的勞務，確實與他繳納的稅金等價。如果你贊成創設新官署，那麼論證時只需證明官署本身具備的效用，千萬不要說這麼做能對官員、官員的家人、以及各行各業提供官員所需的人士帶來好處等等理由；更不要認為創設新官署能促進就業。

　　當詹姆斯拿出一百蘇幣向官員換取真正有用的勞務時，就跟他拿一百蘇幣向鞋匠買一雙鞋沒什麼兩樣。這是給與取的交易，兩者互不相欠。然而，如果詹姆斯把一百蘇幣交給官員，卻未得到任何勞務，甚至還造成許多不便，這就好像把錢交給小偷。認為官員花掉這筆錢能讓「國家產業」獲得豐厚利潤，這種說法毫無道理；小偷可花用的錢越多，就表示詹姆斯被那些不受法律支配或合法的寄生蟲剝削得越多。

---

❽ 譯注：五法郎等於一百蘇幣。

讓我們養成習慣，不要只以「看得見的部分」判斷事物，還要考慮「看不見的部分」。

去年，我因為制憲議會（Constituent Assembly）各委員會並未有系統地排除反對派議員，而得以列席財政委員會。就這點來看，憲法的制訂者是相當明智的。我們聽過提耶先生（M. Thiers）❾這麼說：「我一輩子都在對抗保王黨與教士黨。但當國家面臨危難時，我與他們坐下來敞開心胸對談，這才發現他們並非我想像的那種牛鬼蛇神般的人物。」

的確，黨派間如果老死不相往來，只會渲染與擴大彼此的敵意與仇視；如果多數派能讓少數派議員也參與委員會討論，或許雙方會發現彼此的想法並非水火不容，最重要的是，他們會發現對方並不如想像中那麼可惡。

無論如何，去年我進了財委會。每當我的同事發言，建議共和國總統、內閣閣員與駐外大使的薪資應固定在一個適當數字時，其他議員總是這麼說：

---

❾ 譯注：提耶（Adolphe Thiers, 1797-1877）是法國政治家，曾任七月王朝（1836-48 年）首相與第三共和第一任總統（1871-73 年）。提耶雖然曾在七月王朝擔任首相，但之後逐漸轉向反君主制與教會的自由派立場。他對社會主義左派亦不懷好感，曾於一八七一年血腥鎮壓巴黎公社群眾。

「為了順利推動政務，我們必須賦予某些職位威望與尊嚴，如此才能吸引優秀人才擔任政府公職。無數不幸的民眾向共和國總統求助，但總統不可能有求必應，因此擔任總統必須承受痛苦的兩難立場。部長與大使辦公室要氣派一點，立憲政府的辦公機構理應如此……。」

這些論點是否能反駁，當然值得我們思考。它們的出發點是基於公共利益，只是在推論上不完全正確。我們的議員中有許多加圖（Catos）❿，他們出於吝嗇或嫉妒的狹隘心態反對這些論點，但我個人卻能提出更多理由支持官員獲得更好的待遇。

然而，讓身為經濟學家的我良知受到震撼，也為我國的思想水準感到羞赧的是，支持者居然用以下這些論點（他們不遺餘力鼓吹這些論點）為依據，提出各種荒謬陳腐的理由（這些理由總是受到支持）：

---

❿ 譯注：加圖（Cato）是指羅馬共和時代的政治家老加圖（Cato the Elder, 234BC-149BC）及其曾孫小加圖（Cato the Younger, 95BC-46BC）。當時的羅馬在對外征服下，積聚了大量財富，羅馬人開始過著奢侈的生活。老加圖與小加圖反對鋪張浪費，他們認為羅馬人應恢復過去簡樸、堅忍的生活型態。他們不惜以課重稅的方式扼止富人的奢華生活。

「此外，政府高官的奢華可以鼓勵藝術、產業與就業。總統與部長大擺筵席、廣開宴會可以為國家帶來活力。減少他們的薪水將影響巴黎產業的營收，連帶也將波及全國產業的利潤。」

看在老天份上，諸位議員先生，至少尊重一下算術。不要在國民議會裏說這種話，那簡直是羞辱議會的智慧。議會不會支持你們的，天底下怎麼會有這麼荒謬的事，數字從上面往下加，跟從下面往上加，結果出來的總數竟然會不一樣！

好吧！假定我打算花一百蘇幣找工人來田裏挖掘溝渠。正要簽約的時候，稅務人員把我手中的一百蘇幣拿走，交給了內政部長。我的契約泡湯了，但部長的晚餐卻多了一道菜。現在，你們基於什麼理由敢宣稱這項官方支出對國家產業有利？你們難道沒看見這只是消費與勞動的單純「移轉」？部長的餐桌擺滿大魚大肉，這點是真的；但農夫的田地無法灌溉，這點也是真的。巴黎的外燴業者賺到一百蘇幣，這點我同意；但你們不能否認鄉村的挖渠工人少賺了五法郎。我們只能說官員的晚餐與眉開眼笑的外燴業者是「看得見的部分」；但泡水的田地與接不到生意的挖渠工人則是「看不見的部分」。

　　真是的，二加二等於四這麼簡單的道理，在政治經濟學裏居然要花這麼大的工夫證明；而且就算你證明成功，人們也會大聲地說：「這麼清楚的事還要說這麼多，真無聊。」然後他們會投票表決，彷彿你從來沒有證明過任何事。

四、戲劇與美術：政府該補助藝文活動嗎？

國家應該補助藝術嗎？

對於這個問題，大家反應不一，正反意見相持不下。

支持補助藝術的人認為，藝術可以拓展、提升民族的靈魂，使其充滿詩意；藝術可以使人擺脫物慾，培養美感，進而移風易俗，甚至能促進產業發展。支持者問道，如果沒有義大利劇院（Théâtre-Italien）與音樂學校，法國的音樂將何去何從？沒有法蘭西劇院（Théâtre-Français），戲劇藝術該怎麼辦？沒有美術館與博物館，繪畫與雕刻又將置於何地？他們緊接著問，如果國家不集中地補助藝術，那麼法國人的高貴稟賦如何能發展成高尚的品味，並且製作出一件件優美的藝術品流傳於世？面對這樣的結果，反對向全體國民適度地課稅難道不是件魯莽之舉？因為在剛才的分析中，這些稅金確實可以為法國人帶來卓越與榮耀，成為歐洲人欽敬的對象。

針對這些與其他各種理由，人們可以找出許多具說服力的說法來反駁。我不一一詳論，只略舉幾個重點。首先，人們可以提出分配正義的問題。負責立法的國會議員是否有權

拿走工匠的部分薪資，並且將這筆錢拿來補助藝術家的獲利？拉馬丁先生（M. de Lamartine）⓫說：「如果你打算停止補助劇院，那麼你該停止到什麼程度才合適？從邏輯來看，難道你不應該連帶停止補助大學、博物館、研究機構與圖書館嗎？」人們可以這麼回答：如果你想補助一切好而有用的事物，那麼你該補助到什麼程度才合理？從邏輯來看，難道你不應該列出一份內政補助清單，裏面包括農業、工業、商業、福利與教育各項事宜嗎？此外，補助藝術是否果真如此理所當然？這是個很難回答的問題，但就我們親眼所見，經營完善的劇院通常是那些靠自己的力量獲利的劇院。最後，更深入來看，我們可以發現需求與欲望彼此交織，如滾雪球一般不斷擴大，直到國家財富可滿足的項目越來越少為止；⓬然而，無論現有的國家財富有多少，政府都不該介入其中，因為政府以稅收刺激奢侈產業的同時，必定損害了核心產業，從而反轉了文明的自然進程。我們還要指出，獨斷地對需求、喜好、勞動與人口進行配置，將使國家陷於不穩

⓫ 譯注：拉馬丁（Alphonse Marie Louis de Lamartine, 1790-1869）是法國詩人、作家與政治家。他是浪漫主義的代表人物。拉馬丁曾積極參與一八四八年革命，協助創立法國第二共和（1848-1852年）。
⓬ 參見《和諧經濟論》第3章。——法文版編者注

定的危險局面，國家將因此喪失穩定的基礎。

　　這些是反對國家干預的人士提出的理由，其中有部分提到應該由民眾自行來滿足自己的需求與欲望，並且由自己決定該怎麼做。我必須坦承，我也認為選擇與刺激應該由下而上，而非由上而下，應該來自於民眾本身，而非由立法者來決定。對我來說，相反的做法會導致自由與人性尊嚴的毀滅。

　　然而，你知道現在人們如何運用一連串錯誤而不公正的推論來指控經濟學家嗎？當我們反對補助時，人們指控我們是在反對那些受補助的產業，而且認為我們與所有的產業活動為敵，但實際上我們只是希望這些活動是自願性的，而且希望這些活動是靠自己的力量賺取應得的報酬。於是，如果我們要求國家不要以稅收來補助宗教事務，我們就成了無神論者。如果我們要求國家不要以稅收來補助教育，就表示我們痛恨啟蒙。如果我們主張國家不應使用稅收來人為地增加某些土地或某些特定產業的價值，我們就成了財產與勞工的公敵。如果我們認為國家不應補助藝術家，我們就成了不懂藝術的野蠻人。

　　我要盡一切努力來反駁這些推論。當我們要求國家保護所有人類活動的自由發展，避免犧牲其中一方來成就另一方

時，我們絕無廢除宗教、教育、財產、勞動與藝術的愚蠢念頭，相反地，我們相信這些社會核心力量應該在自由的影響下和諧發展，沒有任何一項活動會成為麻煩、濫用、暴政與混亂的根源——雖然我們認為這種現象已經發生。

　　我們的對手認為，沒有受到補助或管制的活動，將會遭到廢棄。我們的想法剛好相反。他們相信立法者，不相信人類。我們則相信人類，不相信立法者。

　　拉馬丁先生說：「如果以這項原則為基礎，那麼我們難道要『廢除』為我們國家帶來財富與榮譽的公共博覽會？」

　　我回應拉馬丁先生的說法是：你認為「不補助」就是「廢除」，因為你一味相信所有產業必須仰賴國家的意志才能存在，所以一旦沒有國家的補助，你就認定產業無法存活。然而，我要用你舉的例子來反駁你，我要指出，在所有博覽會當中，最偉大、最高貴、最具自由主義色彩與最具普世概念的——我甚至要用「博愛」來形容它，而且我認為這並不誇張——當屬現在正於倫敦準備籌辦的博覽會⓭，那是唯一

⓭ 譯注：指一八五一年在倫敦舉辦的萬國博覽會，主要是為了回應一八四四年法國舉辦的工業博覽會。法國舉辦工業博覽會的歷史由來已久，早在一七九八年就已開始，除了彰顯國力之外，也有促進產業的效果，因此隨後許多國家跟進仿傚，拉馬丁所說的帶來財富與

沒有政府介入也沒有稅收支持的博覽會。

回到藝術這個主題，我說過，人們針對補助制度提出了各項有力的正反意見。而我也提到，基於本文的主旨與篇幅，我不可能詳述這些理由並且評論它們的優劣。

但拉馬丁先生提出了一項我無法坐視不管的論點，因為這項論點完全落在嚴格定義的經濟學範圍之內。

他說：

劇院的經濟問題，簡單地說就是就業問題。劇院工作的內容不是重點；它的生產力與成果就跟其他行業沒有兩樣。眾所皆知，有八萬名各行各業的工作人員（畫家、泥水匠、裝潢師傅、服裝道具人員、建築師等等）靠劇院的薪資維生，這些人占了首都就業人口相當程度的比重，他們應該得到你們的支持！

你們的支持？我想他的意思是*希望得到補助*。

拉馬丁先生又說：

巴黎的消遣娛樂為地方各省提供就業與消費品，富人的

榮譽的公共博覽會，指的就是法國自一七九八年以來舉辦的一連串工業博覽會。倫敦萬國博覽會則是首次突破一國一地的局限，匯聚了世界各國的產業成就，因此巴斯夏才稱其為最具普世概念與「博愛」。

奢侈生活成為二十萬名各行各業工作人員的薪資與麵包。這些工作者仰賴共和國各地劇院的複雜產業鏈維生，他們靠高尚娛樂（法國因為這些娛樂而成為充滿藝術的國家）提供的工作養活自己與家人子女。要讓這些人有工作做，就靠你手上的六萬法郎。〔很好！很好！請熱烈鼓掌。〕

但在我看來，我不得不說：很糟！很糟！當然這是從我們關注的經濟論點來判斷。

是的，這六萬法郎（至少部分是如此）的確打算撥給劇院的工作人員。但過程中很可能損失少許金額。如果仔細觀察，我們甚至可能發現這塊大餅的絕大多數全被挪為他用。工作人員能撿到一點餅乾屑吃就要偷笑了！儘管如此，我還是先假定補助金全進了畫家、裝潢師傅、服裝道具人員、美髮師等人的口袋裏。這是看得見的部分。

但是錢從哪裏來？銅板的「反面」跟「正面」一樣重要。這六萬法郎的來源是什麼？如果議會並未投票將這筆錢先送到里沃利街（rue de Rivoli），然後再轉交給格瑞內爾街（rue de Grenelle）❹，那麼這筆錢原本應該在哪裏？這是看不

---

❹ 譯注：里沃利街為市政廳所在地，格瑞內爾街則屬於劇院區。這句話指政府徵集稅金之後，再補助給與劇院相關的各行各業人士。

見的部分。

當然，絕對不會有人相信議會只要一投票，票箱裏就會出現六萬法郎；也不會有人相信，國家財富可以無緣無故增加；更不會有人以為，少了這場不可思議的投票，這六萬法郎將就此隱藏不見。不可否認，大多數人能做的就是決定從哪個地方取得這筆錢，然後再把這筆錢送到別的地方，而原本應該獲得這筆錢的地方，現在則一毛也拿不到。

事實上，很明顯地，納稅人一旦被課以一法郎的稅金，就表示他少了一法郎可以花用。他因此被剝奪了價值一法郎的快樂。而原本可以提供快樂給他以獲取一法郎薪資的工人，無論這工人是誰，都將因此少賺一法郎。

因此，我們千萬不要產生幼稚的幻想，以為五月十六日的投票可以「增加」全民的福祉與就業。它只是重新配置財富與薪資，如此而已。

我們是否可以說，補助是以更迫切、更道德與更合理的快樂與工作來取代原先的快樂與工作，因此補助是站得住腳的？我要說的是：你從納稅人手中拿走六萬法郎，等於扣除了農民、挖渠工、木匠與鐵匠的薪資，而增加了歌手、美髮師、裝潢師傅與服裝道具人員的薪資。沒有任何證據可以證明後者比前者來得重要。拉馬丁先生也沒有做出如此宣示。

他只說，劇院的工作跟其他工作具有「一樣」的生產力，能產生「一樣」的成果，而非貢獻「更多」，但他這句話還是值得商榷；事實上，劇院工作的生產力顯然不如其他工作，因為你必須從後者扣除薪資來補助前者。

然而比較不同種類工作的固有價值與貢獻並非本文重點。這裏要指出的是，如果拉馬丁先生與他的支持者認為，那些提供演員消費需求的人可以賺到收入，那麼他們也應該想到，滿足納稅人消費需求的人卻因此減少了收入。如果他們未能察覺這點，顯然他們誤把財富重分配當成「獲利」，那麼他們就等著被奚落吧！因為依照拉馬丁先生的邏輯，他為什麼不乾脆要求無限補助；反正在相同情況下，補助一法郎或六萬法郎可以讓提供演員需求的人賺到一法郎或六萬法郎，那麼補助十億法郎，豈不是可以讓他們獲利更多！

談到稅的問題，諸位議員先生，請務必以有根據的理由證明稅收的用途，而不是提出可悲的主張：「公共支出可以養活工人階級。」這種說法是錯的，它掩蓋了一項每個人都必須知道的事實：公共支出「總是」會排擠民間支出，它也許支持了某些工人，卻犧牲了其他工人，它並未增加整體工人階級的福利。你們的論點也許很吸引人，但卻荒謬絕倫，因為你們的推論過程完全錯誤。

五、公共工程

如果國家確信某項公共工程可以讓社會獲利，那麼從人民身上徵收稅金來進行這項工程，可說是再自然不過的事。然而如果有人說：「這麼做也能為工人創造工作機會。」那麼對於以這種充滿經濟謬誤的論點來支持公共工程的人，我必須坦承，我根本沒有耐性聽他說完。

國家開闢道路、興建宮殿、修補街道、開鑿運河；透過這些計畫為某些工人創造就業機會。這是看得見的部分。但這些計畫也讓某些勞工喪失了就業機會。這是看不見的部分。

假定要開闢道路。一千名工人每天早晨上工，傍晚回家，然後領到工資；這是確定的。如果道路的開闢尚未獲得授權，建設經費也尚未經議會通過，這群勤勉的工人恐怕既不能工作也不能領取工資；這也是確定的。

但是，這就是故事的全貌嗎？再仔細思考一下，公共工程的運作是否還包括別的事物？當杜邦先生（M. Dupin）❶⑮

---

❶⑮ 譯注：杜邦（Charles Dupin, 1784-1873）是法國工程師，也是國會

誦念這段神聖的咒語時——「議會已經通過……」——是否數百萬法郎就會神奇地沿著月光注入到富爾德先生（M. Fould）⓰與比諾先生（M. Bineau）⓱的金庫裏？為了完成這段過程，國家難道不需要籌措資金與衡量支出？國家難道不需要派遣稅務人員巡迴全國各地徵集必要的建設經費？

　　因此，我們要從兩個面向來思考這個問題。在提到國家打算運用議會通過的這數百萬法郎做什麼的同時，不要忘了納稅人原本能拿這筆錢做什麼，以及他們在繳了稅之後無法做什麼。然後，你會發現公共建設是一體兩面。一方面是忙碌的工人身影，他們是*看得見的部分*；另一方面是失業的工人，他們是*看不見的部分*。

　　我抨擊的那些詭辯一旦運用在公共工程上，將變得更加危險，因為這些說詞將會合理化最揮霍浪費的行為。當鐵路與橋樑擁有真正的效用時，光是有用這項事實就足以做為支

　　議員。由於身兼兩種身分，他在議會中經常針對道路與運河的經費問題發表意見。

⓰ 譯注：富爾德（Achille Fould, 1800-1867）是法國的金融家與政治人物，曾任法國第二共和財政部長。

⓱ 譯注：比諾（Jean Martial Bineau, 1805-55）是法國工程師與政治人物，曾任法國第二共和公共工程部長與第二帝國（1852-1870年）財政部長。

持興建的理由。如果人們不以工程的效果為號召，那麼他們還能拿什麼說服別人？答案是荒誕的藉口：「我們必須為工人創造工作機會。」

這就如同下令在戰神廣場（Champ-de-Mars）❸築起露臺，而後又予以拆除一樣。據說偉大的拿破崙曾下令工人挖掘壕溝而後又加以填平，他認為自己做了一件慈善事業。他說：「就結果來看，這麼做也許沒有任何意義。但我們至少把財富分配給了勞動階級。」

說得更清楚一點，金錢讓我們產生錯覺。實際上，要求所有民眾繳納稅金來從事某項公共工程，實際上等於要求他們貢獻自己的勞動，因為每個民眾被徵收的稅額都來自他們自己的勞動所得。現在，如果我們不採取徵稅的方式，而是集合所有民眾要求他們直接從事勞動來完成某項有利於全民的工程，那麼大家都可以理解這件事，因為人們獲得的報酬就是這項公共工程帶給他們的利益。然而，如果民眾被徵集過來，被迫開闢一條無人行走的道路，或興建一座無人居住的宮殿，目的只是為了讓他們有工作可做，那麼這一切看起來將相當愚蠢，民眾當然有理由拒絕：我們不想做這樣的工

❸ 譯注：位於巴黎艾菲爾鐵塔的東南側，是一座廣大的帶狀公園。

作，我們想要為自己工作。

如果民眾提供的是金錢，而非勞動，事情的本質並沒有任何改變。唯一的差別是，在要求每個人提供勞動的狀況下，損失將由每個人來均分。相反地，若要求每個人繳納稅金，則被國家僱用從事公共工程的人將不會遭受任何損失，所有的損失會完全轉嫁到其他未被國家僱用的人身上。

憲法中有一條條文寫道：

「社會資助與鼓勵勞動發展……透過中央、省與縣市政府，以適當的公共工程來僱用無業者。」

在危機時期，例如在寒冷的嚴冬，政府以稅收的形式進行短期干預，可能會產生正面的效果。這種做法就像保險一樣。它無助於工作機會或整體薪資，而只是將平日的勞動與薪資抽取過來，在不景氣的時期發放出去（當然在發放的過程中會出現耗損）。

這種做法如果成為長期的、一般的、制度化的措施，將構成災難性的騙局，充滿了不可能與矛盾，而且將很難刺激出成果，這是*看得見*的部分。而這種做法也將排擠掉大量的工作機會，這是*看不見*的部分。

六、中間商

　　社會是所有勞務的總合，人們彼此之間出於強制或自願而從事勞務，也就是所謂的「公共勞務」或「民間勞務」。

　　公共勞務受到法律的規定與管制，即使因時代變遷而需要改變，卻往往受限於法令而無法輕易變更。公共勞務經常在功用喪失後仍持續很長一段時間，即使它們已無法產生任何勞務，甚至還成了一種「公共妨害」，卻還是頂著公共勞務之名。民間勞務屬於自願性的，也就是說，這些勞務源自於個人的職責。個人經過協議，出於自己的意願與能力來從事交易。一般認為民間勞務具有真正的效用，可以藉由勞務之間的比較價值（comparative value）來明確衡量。

　　以上原因說明了公共勞務為什麼經常停滯不前，而民間勞務為什麼符合進步法則。

　　公共勞務的過度發展，不僅造成能源的浪費，也創造出龐大的社會寄生蟲。然而詭異的是，許多現代經濟思想學派卻將這種寄生的特性歸咎於自願性的民間勞務，甚至企圖改變各種民間行業的功能。

　　這些思想學派猛烈攻擊那些他們稱為中間商（middleman）的行業。他們打算除去資本家、銀行家、投機者、企業家、生意人與商人，而且指控這些人橫阻於生產者與消費者之間，從中牟利，卻未給予生產者與消費者任何價值。尤有甚者，改革者還想將中間商的工作交由國家來執行，只因為這些工作必須有人去做。

社會主義者在這裏所做的詭辯，在於告訴民眾為了得到「中間商」提供的勞務，他們必須額外支付多少錢，但社會主義者卻隱匿了在沒有中間商的狀況下，民眾又必須付給國家多少錢。在此，我們再次面對「眼見為憑」與「唯有靠著思考才能得到證明」之間的衝突，也就是「看得見的」與「看不見的」之間的衝突。

尤其在一八四七年與大饑饉期間[19]，社會主義學派成功宣傳他們的災難理論。他們很清楚，最荒謬的宣傳總能說服受苦的人；「饑餓使人為惡（malesuada fames）[20]。」

然後，社會主義者以誇大不實的言論進行煽動——「人對人的剝削」、「大發饑荒財」、「壟斷」——他們詆毀商業

---

[19] 譯注：一八四七年，愛爾蘭境內的馬鈴薯因出現晚疫病而嚴重歉收，使得以馬鈴薯為主食的愛爾蘭爆發饑荒。愛爾蘭的缺糧連帶影響西北歐的糧食價格，因而助長民眾對商人哄抬價格的反感。

[20] 譯注：典出維吉爾（Virgil）《埃尼伊德》（*Aeneid*）VI，276。

的名聲，隱瞞商業帶來的種種好處。

　　他們說：「為什麼把從美國與克里米亞（Crimea）取得糧食的任務留給商人來處理？為什麼中央、省與縣市政府不籌設糧食局，並且設立儲備糧食的倉庫？政府可以以『淨成本』的價格販售糧食，而民眾，特別是窮人，就可以免於自由貿易（即自私、個人主義與無政府狀態的貿易）的額外費用了。」

　　民眾支付給商人的費用是看得見的部分。民眾支付給社會主義制度國家及其機構的費用是看不見的部分。

　　民眾支付給商人的費用到底是什麼？這筆費用的意義在於：兩人在競爭的壓力下，自由地協議與商定價格，而後向彼此提供勞務。

　　當巴黎人餓著肚子，而能夠填飽肚子的小麥卻位於俄國的敖德薩（Odessa）時，除非把小麥確實吃進肚子裏，否則饑餓的痛苦不可能停止。有三個方法可以解決饑餓的問題：首先，饑餓的民眾可以自己去找小麥；其次，他們可以委託相關業務人士幫他們購買糧食；最後，他們可以繳納稅金，要求官員負起運糧的任務。

　　這三種方法，哪一種最有利？

　　無論在哪個時代，生活於哪個國家，比較自由的、開明

的、經驗豐富的人,通常會「自願」選擇第二項。我必須承認,我個人認為這樣的說法已足以說明第二項是比較優越的。我的心靈拒絕承認絕大多數人會在如此切身相關的問題上欺騙自己。 **㉑**

然而,還是讓我們檢視一下這個問題。

三千六百萬名法國人親自前往敖德薩取得所需的小麥顯然不可行。第一種做法幫不上忙。消費者不可能自己去取得小麥;他們必須求助於中間商,不管這些中間商是政府官員還是商人。

儘管如此,第一種方式其實是最自然的做法。基本上,無論是誰,自己的肚子餓了當然是自己想辦法找東西吃。覓食純屬個人「任務」;這是每個人必須為自己提供的「勞務」。如果有人(無論是誰)為他人提供「勞務」,將他人的「任務」攬在自己身上,那麼這個人當然有權利向他人請求報酬。我要說的是,「中間商」的勞務關係到請求報酬的

㉑ 作者經常把所有人在行為中所呈現的「普遍共識」假定為真理。尤其可以參考《經濟詭辯》(*Economic Sophisms*)第十三章,與《政治經濟學選集》(*Selected Essays on Political Economy*)第六章的末尾(法文版),以及《和諧經濟論》第六章的附錄,篇名是〈財富的道德〉(*Morality of Wealth*)。——法文版編者注

權利。

　總之，我們最後還是要回到社會主義者說的寄生蟲上面。商人或官員這兩種寄生蟲，誰比較不會需索無度？

　商人（我假定他們是自由的，否則我的論點就毫無意義）在自利心的驅使下，不得不研究季節，查明農作物每天的狀況，接收來自世界各地的消息，如此才能預期需求，規避風險。商人有現成的船隻，在各地均有聯絡人，他眼前能取得的利益就是盡可能以最低的價格買進，精簡營運程序，以最低的成本獲取最高的利潤。不僅法國商人，還有世界各地的商人全忙於供應法國每日所需；如果自利心驅使他們以最低的費用完成任務，則商人之間的競爭也會使得消費者從各項已實現的低成本中獲利。一旦小麥運抵法國，商人便盡快賣出小麥以填補風險、實現獲利，如果有機會的話，他們還會再度出航。在價差的引導下，民間企業將糧食流通到世界各地，他們總是先著眼於糧食最稀少的地區，也就是最需要糧食的地方。因此，我們無法想像會有哪個「組織」比商人更能計算而有助於饑民的利益，商人的美好——社會主義者未能察覺這點——正來自於這項事實：商人是自由的，也就是說，商人是自願的。的確，消費者必須支付給商人運費、轉運費、倉儲費、佣金等等；而有什麼情況能讓小麥購

買者免於支付運費給商人呢？除了上述費用外，購買者還必須支付「服務費」。但是，以中間商分到的比例來說，這筆服務費已因為競爭的緣故而「低到不能再低」；此外，說句公道話，如果馬賽的商人為巴黎的工匠提供了服務，而巴黎的工匠竟然不給予馬賽商人相對的報酬，這樣實在說不過去。

根據社會主義者的計畫，如果國家取代民間企業從事這些交易，那麼將會發生什麼事？先祈禱吧，然後再告訴我民眾能省下多少錢。商品會以零售價出售嗎？想像四萬名縣市鄉鎮代表於某日抵達敖德薩，就在這一天，每個人都需要小麥；想像這對於價格造成的影響。他們能節省運費嗎？我們是否能以更少的船隻、更少的船員、更少的轉運費用、更少的倉庫滿足我們的日常需求，因而減少支付的費用？國家不用像商人一樣考慮獲利，我們是否就能因此更便宜地買到小麥？民眾的代表與官員前往敖德薩是否完全分文未取？他們會純然出於博愛而跑這一趟嗎？他們不需要過活嗎？他們花費的時間難道不需要支薪？你以為他們的薪水不會超過商人預計要賺到的百分之二到三的利潤的上千倍嗎？

接著，思考一下各種可能的問題：徵收這麼多稅金來疏通這麼多的糧食有多困難，這類活動必然引起的不公與濫

用，以及政府必須承擔的責任有多沉重。

社會主義者想出這些愚蠢的建議，而且在缺糧期間將這些念頭深植於群眾內心，他們大言不慚地自稱是「高瞻遠矚」之人，這種語言的濫用一旦積非成是，將帶來真正的危險，人們久而久之將對他們的說法信以為真。「高瞻遠矚」意謂著這些社會主義者要比一般民眾看得更遠；他們唯一的錯誤就是他們超前時代太多；如果消除民間勞務（社會主義者稱其為寄生蟲）的時代遲遲未能降臨，則錯誤全在於民眾，因為他們實在趕不上社會主義的腳步。然而，依我看來，真正的事實應該顛倒過來，我不知道我們應該回到哪個時代，才能找到跟社會主義者的腦子同等程度的野蠻人。

現代社會主義學派不斷反對今日社會自由組成的協會（association）。他們不了解自由社會本身就是一個真實的協會，而這個協會要比他們豐富想像力虛構出來的團體更為優越。

以下讓我們舉例說明：

假設有一個人，當他早晨起床，能穿上一套衣服，擁有一塊被圈圍起來、施肥、灌溉、開墾與種植了一些蔬菜的土地；成群的綿羊能在土地上吃著青草；這群綿羊能夠出產羊毛；羊毛能夠紡紗、織布、染色而後成為布匹；布匹可以加

以剪裁、縫紉而後成為一套服裝。這一連串的作業意謂著除了這個人之外，還需要其他人的分工合作；因為這些作業流程必須使用到農具、羊欄、工廠、煤炭、機器與運貨馬車等等物品。

如果社會不是非常真實的協會，那麼想要穿衣的人將不得不獨自一人工作，亦即，他必須親自執行這一連串數不清的作業流程，從開始揮動鋤頭種地，到最後拿起針線縫製衣物，都要事必躬親。

然而幸虧我們這個物種具有容易組成協會、協調合作的特性，因此這些作業都被分配到各種工人身上，而這些工人基於共同利益又繼續將作業細分下去，直到（隨著消費增加）單一專門的作業可以支持一個新產業為止。而後根據每個人對整體工作貢獻的價值比例來分配收益。如果這不是協會，那麼我很想知道這是什麼。

值得注意的是，哪怕是最微量的原料，也不是工人無中生有製造出來的，每個工人都要相互提供勞務，在共同目的之下彼此扶持；如果我們考慮每個環節，將會發現每個團體相對於其他團體就像「中間商」一樣。舉例來說，在整個運作過程中，如果運輸變得非常重要，那麼就需要僱用一個人來專門負責；以此類推，我們可能僱用第二名工人紡紗，第

三名工人織布。在這種情況下,我們憑什麼認為負責運貨的工人要比紡紗及織布工人更像「寄生蟲」?難道運輸毫無必要?難道從事運輸不需要花時間與力氣?運輸工人不是幫紡紗及織布工人省下了時間及勞力嗎?紡紗及織布工人是否比運輸工人辛苦,還是,他們做的根本是全然不同的工作?至於他們的薪資,也就是從總營收獲得的份額,不是都得遵從同樣法則的限制,依照協商過的價格來決定嗎?這樣的勞動分工與完全是自主決定的任務安排,難道不是有利於共同利益?因此,我們難道需要社會主義者假借計畫之名行專制之實,讓他們破壞我們的自由安排與分工,以孤立的努力取代合作的努力,並且反轉文明的進步軌跡?

我這裏描述的協會,難道會因為每個人可以自願地進入或離開協會,自由地挑選自己的位置,基於自己的利益進行判斷與討價還價,只管好自己份內的事,將自利的力量與確信帶進協會之中,而讓協會變得不像協會嗎?相反地,為了讓協會看起來像協會,難道我們應該讓所謂的改革者進入協會,讓他將公式化的行為與意志加諸在我們頭上,並且要求全人類都以他為中心?

人們越是仔細檢視這些「高瞻遠矚」的思想學派,就會越明白這些人是全然無知,他們只是嘴裏宣稱自己不會有

錯，其實卻是打著不會犯錯的名號，將所有權力霸占在自己手裏。

　　我希望讀者能原諒我的離題。值此反對中間商的長篇攻擊性言論充斥報紙版面——這些說法直接來自於聖西門派份子（Saint-Simonians）、法隆斯泰爾（phalansteries）支持者，與伊卡利亞（Icaria）讚揚者的著作㉒——以及議會，嚴重威脅到勞動與交換自由之際，或許這樣的說明並非完全無用。

㉒ 譯注：聖西門派份子是指受到法國社會主義思想家聖西門（Claude Henri de Rouvroy, Comte de Saint-Simon, 1760-1825）啟發的烏托邦社會主義者。法隆斯泰爾是法國哲學家傅立葉（Charles Fourier, 1772-1837）設計建立的烏托邦社會主義社區，採取自給自足的生活方式。伊卡利亞是法國社會主義者卡貝（Étienne Cabet, 1788-1856）設計建立的共同體，主張居民人人平等。

七、貿易限制

　　保護主義先生（這不是我取的綽號，是杜邦先生這麼叫的，我只是沿襲他的叫法）投入了時間和資本，從自己土地的礦石提煉出鐵砂。但是大自然獨厚比利時人，讓他們能以比保護主義先生更便宜的價格把鐵砂賣給法國人。這意謂著所有法國人，或整個法國，可以「用比較少的勞動」從法蘭德斯（Flanders）❷的好人那裏買到一定數量的鐵砂。因此，在自利的驅使下，人們充分利用購買便宜貨的機會。我們每天可以看到有許多釘子匠、金屬匠、馬車匠、修理匠、鐵匠與農民，他們要不是自行前往，就是委託中間商到比利時買鐵砂。保護主義先生看在眼裏，心裏非常的不高興。

　　保護主義先生第一個想法是自己親手介入，以制止這樣的傷害繼續發生。他當然必須這麼做，因為到目前為止他是唯一的受害者。我要拿出我的卡賓槍，他自言自語地說：我要在腰帶插上四把手槍，彈藥盒裏裝滿子彈，我要佩戴寶劍，準備妥當之後，我將往邊境出發。我要在那裏殺死第

---

❷ 譯注：法蘭德斯指今日的比利時北半部。

一眼看到的金屬匠、釘子匠、鐵匠、修理匠或鎖匠，因為他
們為了追求自己的利益而犧牲我的利益。我要給他們一點教
訓！

　　在出發的前一刻，保護主義先生反覆思索，內心憤憤不
平的情緒似乎開始動搖。他又自言自語地說：首先，那些買
鐵砂的人，不管是我的同胞還是我的敵人，他們應該也會採
取行動，絕不會乖乖任我宰割，搞不好他們還會殺了我。此
外，即使我派出所有僕役，也不可能把守所有的國境線。最
後，要完成這件事恐怕要花不少銀子，搞不好到最後我賺的
錢還比不上我花的錢。

　　正當保護主義先生打算跟其他人一樣自認倒楣時，他突
然福至心靈，想到一個好方法。

　　他記得巴黎有一座大型的法律工廠。法律是什麼？他問
自己。法律是一項措施，一旦頒布之後，無論好壞，每個人
都要遵守。為了執行法律，必須組織公共的警力，而為了組
成公共的警力，必須由國家徵集人力與經費。

　　如果我設法從那座大型的法律工廠取得一條簡單卻有用
的法律：「禁止從比利時進口鐵砂。」那麼我將得到以下的
結果：我不需要派僕役到邊境，政府自然會派兩萬人去看
守，這些人全是那些頑固的金屬匠、鎖匠、釘子匠、鐵匠、

手工業者、修理匠與農民的子弟。而為了讓這兩萬名海關官員維持高昂的士氣與健康，必須支付他們兩千五百萬法郎的薪資，而這筆錢同樣由那些鐵匠、釘子匠、手工業者與農民負擔。透過這種組織方式，保護將更為周延；我不用出一分錢；我不用面對中間商的暴力威脅；我可以用我訂定的價格賣鐵砂；而且我可以幸災樂禍地看著這群自以為了不起的同胞們被可恥地愚弄。如果他們還認為自己是歐洲進步的先驅與推動者，那麼我會再給他們一點顏色瞧瞧。這個點子不錯，雖然有點麻煩，但值得一試！

於是保護主義先生前往工廠。（有機會的話，我再告訴各位保護主義先生在那裏幹了什麼見不得人的勾當，但我今天只準備說明他在眾目睽睽下大搖大擺做了什麼事。）他向工廠的高官顯貴，也就是立法諸公們提出他的論點：

「比利時的鐵砂在法國賣十法郎，因此我不得不跟著賣十法郎。我其實想賣十五法郎，但該死的比利時鐵砂價格壞了我的好事。若能制訂法律『禁止比利時鐵砂進入法國』，我會馬上把鐵砂價格漲到十五法郎，然後將產生以下結果：

我要賣給民眾的鐵砂，每一百公克的價格不再是十法郎，而是十五法郎；我自己將更快速地致富；我將擴大礦山的開採規模；我將僱用更多員工。我與員工將消費得更多，

這將對於方圓數英哩內的供應商帶來更多好處。這些供應商將擁有更大的市場，因此會向各個產業下更多訂單，逐漸地，這種活動將蔓延到全國各地。你付給我的這幸運的一百蘇幣❷，就像一顆扔進湖裏的石頭，它形成了一重又一重的同心圓漣漪，不斷地往四面八方擴散。」

　　在這種言論蠱惑下，立法者輕易地相信藉由立法可以快速增加民眾的財富，於是他們表決通過進行貿易限制。「我們幹嘛討論勞動與儲蓄呢？」他們說道：「如果立法就可以做到的話，我們何必採取那些辛苦費勁的措施來增加國家的財富呢？」

　　事實上，法律的確產生了保護主義先生預期的各項結果，但也出現了保護主義先生未提及的現象；公允來說，他的說理並「沒有錯」，只是「不完整」。為了爭取特權，保護主義先生只指出看得見的效果，卻對於看不見的效果置之不理。明明畫裏有三個人，他卻只提到兩個人。因此，無論是有心還是無意，我們都應該將他忽略的部分補上。

　　是的，透過立法，這五法郎進了保護主義先生的金庫裏，不僅讓他得利，也造福了因為這五法郎而得到工作的

---

❷ 譯注：指漲價的五法郎。

人。如果法律可以讓五法郎從天而降,那麼這些正面的效果就不會被負面的效果所抵銷。遺憾的是,這神祕的一百蘇幣並非從天而降,而是來自金屬匠、釘子匠、馬車匠、鐵匠、農民與建築工,簡單地說,這筆錢來自於像詹姆斯這類升斗小民的口袋裏。他們多付了一百蘇幣,卻沒有買到比十法郎更多的鐵砂。顯然,問題沒有那麼單純,人們很快發現,保護主義先生的「獲利」被詹姆斯的「損失」所抵銷。保護主義先生可以用這五法郎讓國內產業獲利,但這筆錢由詹姆斯自己花用也會有相同的效果。我們之所以把石頭扔在湖的某一點,只是因為法律不讓我們扔在別的地方。

因此,看不見的部分抵銷了看得見的部分;整個運作的過程是不公正的,更可悲的是,這樣的不公正竟是法律造成的。

然而故事還沒結束。我說過總是有第三人被遺忘在暗處。我必須讓他現身說法,讓他告訴我們五法郎造成的「第二個損失」是什麼。這樣整個流程才算完整。

詹姆斯有十五法郎,這是他的勞動成果。(我們回到法國可以自由進口比利時鐵砂的時候。)他會怎麼花這十五法郎?他先用十法郎買了一頂女用帽子,然後再用這頂帽子(或者是經由中間商)換到一百公克的比利時鐵砂。詹姆斯

還有五法郎。他沒有把錢丟進河裏，而是（這是看不見的部分）給了某個製造商或其他人，來交換某件能滿足他的需求的東西──例如，向出版商購買一本波修埃（Bossuet）寫的《世界史簡論》（*Discourse on Universal History*）❷。

因此，詹姆斯用十五法郎激勵了「國內產業」，亦即：

十法郎給巴黎的女帽產業

五法郎給出版商

就詹姆斯本人而言，他用十五法郎換取了兩樣令他感到滿足的物品，亦即：

一百公克的鐵砂

一本書

此時頒布了法律。

這對詹姆斯有什麼影響？對國內產業又產生什麼變化？

詹姆斯把十五法郎全給了保護主義先生以換取一百公克的鐵砂，現在他身上除了鐵砂，一毛錢也沒有。詹姆斯無法

❷ 譯注：波修埃（1627-1704）是法國主教與神學家，以善於傳道著述聞名，他是君權神授說的堅強支持者。

享受波修埃的作品（或等價的物品）帶給他的樂趣；他損失了五法郎。你一定會同意這點。你不得不同意。你無法否認貿易限制提高了物價，而價差造成了消費者的損失。

然而，據說「國內產業」會因為物價提高而獲益。

可是事實並非如此；儘管法律限制進口，國內產業所得到的與過去一樣，都是十五法郎。

唯一的差別在於，由於法律的緣故，詹姆斯的十五法郎全給了冶金業，但在法律頒布之前，這十五法郎則分別給了女帽業與出版業。

保護主義先生可能前往邊境阻止貿易進口，不過他後來改以遊說通過法律的方式，讓國家投入人力物力禁止貿易進口。如果從道德的角度來看，可能對這兩種做法產生不同的評價。有人說，掠奪一旦合法化，就不再是不道德的行為。我覺得這種說法才是最令人擔心的。然而無論如何，可以肯定的是，這兩種做法的經濟結果完全相同。

對於這個問題，每個人可以有不同的觀點，但如果冷靜加以檢視，可以發現掠奪無論合不合法，都不能增加利益。我不否認掠奪可以為保護主義先生或他的產業（或者某個國內產業）帶來五法郎的利益，但掠奪卻也造成兩項損失；一項是詹姆斯的損失，他用十五法郎購買原本只需要十法郎就

能買到的東西；另一項是國內產業的損失，它因為詹姆斯未能拿剩餘的五法郎向它購買商品而遭受損失。掠奪的獲利只能彌補其中一項損失，而另一項損失則可以說是絕對損失。

教訓：運用強制力無法促進生產，只會造成破壞。我的天啊！如果強制力可以增加生產，法國早就富起來了。

八、機器

「打倒機器！每年機器的數量不斷增加，造成數百萬工人陷入赤貧。機器奪走工人的工作，沒有工作就領不到薪資，沒有薪資就得餓肚子！打倒機器！」

這種口號源自於無知的偏見，但新聞報紙竟也盲目地隨之起舞。

然而，詛咒機器與詛咒人類其實沒什麼兩樣。

令我困惑的是，是否真的有人接受這種說法。

即使分析到最後證明這種說法的確是真的，那麼在邏輯的嚴謹推論下，我們的結論將是：活動、福祉、財富與幸福只會在愚蠢而心靈靜止的國家裏出現，因為上帝沒有賦予他們思考、觀察、謀畫、創造以及以最低成本獲得最大收益等等可能為他們帶來災難的才能。相反地，已經擁有資源卻不滿足，仍繼續追求與尋覓鐵砂、火力、風力、電力、磁力、化學與力學法則——簡單地說，就是自然力——的國家，勢必使民眾陷入衣衫襤褸、房屋殘破、遍地赤貧與停滯不前的慘狀。因此，我們可以恰如其分地引用盧梭（Rousseau）的

話說：「會思考的人是一種墮落的動物。」❷⑥

　　進一步引申。人都會思考發明，人從出生到死亡，分秒都在追求與利用自然力，企圖以更省力的方式獲得更大的成果，不僅減少自己的勞動，也設法降低僱員的體力負擔，以最低的成本獲得最大的收益。若真是如此，則我們不得不下這樣的結論：人類全步上了墮落之路，因為這種追求進步的智性渴望似乎正是人類所有煩惱與痛苦的根源。

　　我們從統計數據可以看出，蘭開斯特（Lancaster）民眾紛紛逃離受機器支配的國度，前往仍不知機器為何物的愛爾蘭尋求工作機會；回顧歷史，我們也發現野蠻的陰影不時籠罩著文明的時代，而文明又往往在充滿無知與野蠻的時期成長茁壯。

　　顯然，在大量矛盾中仍存在著足以震撼我們的事物，它提醒我們，解決問題的方法就埋藏在問題裏，等待我們去追尋。

　　真正的神祕之處在於：在看得見的部分後面，存在著看

---

❷⑥ 譯注：盧梭（1712-1778），瑞士出生的思想家，對於法國大革命之後的社會思想有著很大的影響。盧梭這句話指人類思考是一種反自然的狀態，只會加深競爭的不平等，因而是一種墮落而非進步。

不見的部分。我將嘗試解開它。我的證明其實只是重複先前的做法，因為這些問題都是一樣的。

　　人類具有一種天性（如果這種天性未被外力限制的話），總是喜歡「廉價品」（也就是說，滿足的效用不變之下，會尋求輕鬆省力的方法），無論這種「廉價品」是來自幹練的「外國生產者」，還是迅速的「機器生產者」。

　　反對好逸惡勞的理論因此也分成兩種，但它們有一項共通點，那就是認為好逸惡勞造成工作數量減少。然而實際上人類追求輕鬆並未讓工作減少，相反地，它「解放」了人類的勞動力，使人們可以去從事各種工作。

　　這是為什麼在實務層面，強制力總是成為「外國生產者」與「機器生產者」共同的阻礙，因為立法者既能「抑制」外國競爭又能「禁止」機器競爭。畢竟，還有什麼方式能比奪去自由更能扼殺人類的天性呢？

　　不過，在許多國家，立法者往往只能打擊一種競爭，而對另一種競爭睜一隻眼閉一隻眼。這充分顯示這些國家的立法者欠缺一貫性。

　　我們不應該感到驚訝才對。已經走錯了路，當然不可能不出現矛盾；如果走錯了路還要堅持到底，那麼人類早就滅亡了。我們從未見過，未來也不可能見到一項錯誤的原則可

以徹底加以執行。我曾在別的文章提過：不一致必然導致荒謬。我還要補充一句，不一致也正是其荒謬性的證據。

接下來讓我們開始進行證明，這不會占用我們太多篇幅。

詹姆斯以兩法郎的代價僱用了兩名工人。

現在假設詹姆斯設計出一套工作程序，可以縮短一半的工作時間。

於是他獲得的滿足不變，卻能省下一法郎，而且解僱了一名工人。

他解僱了一名工人：這是**看得見**的部分。

才看到這裏就有人說：「看到了吧，這就是文明帶來的悲慘！這就是自由對平等的危害！人類心靈每做出一次征服，換來的就是一名工人永遠墜入貧窮的深淵。或許詹姆斯願意繼續僱用這兩個人為他工作，但他最多只願意支付每個人十蘇幣的工資。❷⃝⃫工人為了爭取工作而彼此競爭，而他們也願意接受較低的薪資。這是為什麼富者越富、貧者越貧。我們必須改造這個社會。」

這是個好結論，也是個符合最初前提的結論。

---

❷ 譯注：十蘇幣等於0.5法郎。

　　然而慶幸的是，這段例子的前提與結論均為偽，因為在看得見的部分後面，還隱藏著看不見的部分。

　　人們沒有看見詹姆斯省下來的這一法郎會產生什麼樣的必然效果。

　　詹姆斯的發明節省了工時，因此他對於完成特定工作所需的勞動只願給予一法郎的薪資，他因此能夠省下一法郎。

　　這麼一來，市場上多了一名工人，同時，資本家也多出了一法郎可以花用。這兩個要素可以互相抵銷。❷❽

　　顯然，勞動與薪資的供需關係絲毫沒有變化。

　　新的工作程序與領取一法郎薪資的工人，可以完成原先需要兩名工人才能完成的工作。

　　原本可以拿到剩下那一法郎的第二名工人雖然遭到解雇，但他可以去從事其他新工作。

　　這對世界產生什麼影響？國家獲得的滿足增加了；換句話說，發明本身是一種毋需付出任何代價的征服，人類不用花費任何成本就能額外得到好處。

---

❷❽ 譯注：資本家省下的這一法郎，如果花在別的地方，會讓別的產業受益，別的產業市場擴大，就需要更多工人生產，此時原先被解雇的工人就會投入到新的生產行列，並且領取到這一法郎做為薪資。因此多餘的工人與省下的金錢便在供需關係中抵銷了。

從我的論證中，人們可以得出這樣的結論：

「資本家從機器的發明中獲利。雖然機器對勞動階級的傷害是暫時的，但勞動階級也未能從機器的發明中得到任何好處。根據你的說法，機器其實只是『重新配置』了國家一部分產業，雖然它並未『減損』國家產業，但也沒有『增加』國家產業。」

我在這裏不可能針對所有的反對意見一一回應，我唯一的重點是對抗一項非常危險而且廣泛傳布的無知偏見。我想證明，機器在讓某些工人成為其他工作潛在的受僱者的同時，也「必然」省下一筆錢來支付這些工人的薪資。這些工人與這筆錢最終將生產出新的產品，如果沒有發明機器，則市場上不可能出現這些新產品。因此，「創新發明的最終結果是勞動不變，但滿足增加」。

這些增加的滿足被誰拿走了？

的確，乍看之下是資本家、發明家，也就是第一個成功使用機器的人拿走了，智巧與膽識為他掙來報酬。在我們剛才提的例子裏，資本家節省了生產成本，而這些省下來的錢（不管它被花到哪裏去，它總是會被花掉）又創造出新的就業機會，足以吸收被機器取代的工人。

然而不久，競爭將使得資本家不得不降低產品的售價，

降價的幅度將等同於當初省下來的生產成本。

於是資本家無法繼續獨占發明帶來的獲利；這些利益將由產品的購買者、消費者，也就是一般大眾（包括工人）所均霑──簡言之，這些利益將由全人類共享。

節省下來的生產成本除了做為降價的基礎而嘉惠消費者外，也構成向其他產業進行採買的資金來源，使其他產業擴大生產，吸收被機器取代的工人，這是看不見的部分。

以詹姆斯的例子來說，他原先以兩法郎的代價生產產品。

在發明機器之後，他只需要一法郎的人力。

他以原先的價格販賣產品，而且生產時減少了僱用一名工人的成本：這是看得見的部分；詹姆斯省下的那一法郎可以讓別的產業多僱用一名工人：這是看不見的部分。

隨著事態的自然演變，詹姆斯漸漸地不得不將產品的售價降低一法郎，因而他無法再省下一法郎；他也無法將一法郎貢獻在其他產業上，使其他產業擴大生產，增加全國就業。然而，無論是誰以便宜一法郎的價格買到詹姆斯的商品，他都會省下一法郎，而他必然會將這一法郎藉由購買其他商品的方式，轉換成其他產業的薪資；同樣地，這是看不見的部分。

　　這裏存在著另一種說法。

　　有人認為:「機器使得生產成本減少,也降低了產品價格。價格降低可以刺激消費,因此必然造成生產增加,最後僱用的工人將可恢復到使用機器前的水準或甚至更多。」他們引用印刷、紡織與新聞等產業做為例證。

　　這種說法並不科學。

　　我們可以從這種論點推導出以下的結論:如果特定產品的消費並未因價格下跌而增加,那麼機器就會有害就業。然而事實並非如此。

　　假設某個國家的民眾都戴帽子。如果因為使用機器使得帽子的價格下跌了一半,也不「必然」表示民眾購買的帽子數量會增加為原來的兩倍。

　　有人認為,在這種情況下,勢必會造成失業人口。如果你使用的是無知的推論,那麼答案當然是如此。但根據我的論證,那是錯的。就算全國民眾沒有人因為帽子降價而多買一頂帽子,但整個國家用來支付薪資的資金總量並沒有變化;民眾因為帽子降價而省下的錢雖未流入製帽產業,但還在消費者的口袋裏,他們會用這筆錢去購買其他產業的商品(或刺激新產業的發展),促使這些產業擴大生產並且吸收機器造成的多餘勞動人口。

　　這種說法才符合實際。報紙曾經一度索價八十法郎,但現在卻只賣四十八法郎。報紙訂戶因此省下三十二法郎。我們不知道這三十二法郎會不會繼續流入新聞產業(至少民眾不是非用這筆錢買報紙不可);然而可以確定的是,而這也是不可避免的,如果民眾不拿這三十二法郎買更多的報紙,也會拿來買其他商品。也許一法郎可以用來買更多報紙,第二個法郎用來買更多食物,第三個法郎買更好的衣服,第四個法郎買更好的傢俱。

　　因此,所有產業息息相關,它們交織成巨大的網絡,藉由祕密的管道互通聲氣。某個產業節省下來的資金,可以嘉惠其他產業。重要的是要了解,經濟絕對不可能在減少就業與薪資的狀況下獲得發展。❷⁹

---

❷⁹ 見《和諧經濟論》,第三章與第八章。——法文版編者注

九、借貸

　　長久以來，尤其是最近幾年，人們一直夢想著以全民借貸的方式讓全民致富。

　　我相信自己所言不虛，事實上，自從二月革命（February Revolution）❸⓿以來，巴黎出版界發行了一萬本以上的小冊子，宣揚這種做法是解決「社會問題」的良方。

　　唉！這種做法只是建立在幻覺之上——如果幻覺也能當成基礎的話。

　　這些人一開始就混淆了物品與硬通貨（hard money）❸❶；而後又混淆了硬通貨與紙幣。他們正是因為犯了這兩項錯誤，才以為自己的說法具有事實基礎。

　　在這個問題裏，我們必須忽略金錢、硬幣、紙幣與其他

---

❸⓿ 譯注：法國中產階級因不滿法國政治過於保守反動，加上選舉法過於嚴苛，因而於一八四八年發動二月革命，推翻奧爾良王朝（1830-1848 年），建立法國第二共和。

❸❶ 譯注：硬通貨指金幣、銀幣與銅幣，這些貨幣本身就含有一定價值。與此相對的是軟通貨，如紙幣，紙幣本身價值甚微，它的票面價值來自於國家的信用。

用來流通物品的媒介，我們必須專注於物品本身，唯有物品才是借貸的實質基礎。

當一名農民貸款五十法郎買犁時，他實際上借的不是五十法郎，而是犁。

當一名商人貸款兩萬法郎買房子時，他積欠的不是兩萬法郎，而是房子。

金錢的出現只是為了促進各方交易。

彼得不願出借犁具，但詹姆斯願意出借金錢。威廉該怎麼做？他可以向詹姆斯借錢，然後用這筆錢向彼得買犁。

然而天底下沒有人會為錢而借錢。人們借錢是為了換取物品。

物品不可能光靠前後手的移轉就能增加數量。

無論市面上流通的硬通貨與紙幣有多少，借用人取得的犁、房子、糧食或原料的總數不可能多於出借人所提供物品的總數。

我們要牢記，有借用人必有出借人，借來的物品同時也是出借的物品。

借貸機構的好處是什麼？我想這一點大家都很清楚。它們能協助撮合借用人與出借人，使兩造早日達成協議。但借貸機構不可能在達成協議的同時，馬上增加借用與出借物品

的總數。

　　然而，為了達成社會改革者的目的，借貸機構卻必須完成這項不可能的任務，因為這群充滿改革理想的紳士渴望讓每個有需要的人都能擁有犁、房子、工具、糧食與原料。

　　他們如何想像自己能做到這點？

　　答案是由國家充當貸款的保證人。

　　讓我們更深入探討這個問題，因為這當中不僅牽涉**看得見的部分**，也包含**看不見的部分**。我們將針對這兩個部分進行討論。

　　假設世界上只有一個犁，有兩個農民需要這個犁。

　　彼得是法國唯一有犁的人。約翰與詹姆斯都想向他借犁。約翰誠實無欺，擁有財產與良好名聲，而且還提出了財產擔保。人們「相信」他，因為他「信譽良好」。詹姆斯無法讓人信任，而且看起來不太可靠。彼得理所當然把犁借給了約翰。

　　但現在在社會主義人士的鼓動下，國家進行干預並且向彼得表示：「把你的犁借給詹姆斯。我們會保證償還，而且我們的擔保會比約翰的擔保更有價值。能為約翰擔保的只有他自己，我們眼下雖然無法提出實際的財產擔保，但我們有全國納稅人的財富做後盾；如果有必要，我們會用納稅人的

錢來還你本金跟利息。」

於是彼得把犁借給了詹姆斯；這是看得見的部分。

社會主義人士歡欣鼓舞，他們表示：「看到了吧，我們的計畫有多成功啊！幸虧有國家干預，貧窮的詹姆斯才得到犁。他再也毋需靠自己的雙手挖土；有了犁，他可以致富。不僅對他個人有利，也對整個國家社會有利。」

不，各位先生，這並非國家之福，因為這裏有看不見的部分。

犁交給了詹姆斯，但諸位沒有看見約翰無犁可用。

詹姆斯可以用犁耕取代手掘，但諸位沒有看見約翰無犁可用，只能靠自己的雙手挖土。

結果，人們所謂的「額外」借貸，其實只是借貸的「再配置」。

此外，人們沒有看見這種再配置造成兩項嚴重不公：首先是對約翰不公，他靠著自己的誠信與努力贏得對方的信賴而願意把犁借給他，但最後卻落得一場空；其次是對納稅人不公，他們沒有義務負擔與他們無關的債務。

我們能不能說，既然詹姆斯可以借到犁，政府何不也提供相同的機會給約翰？當然不行，世上既然只有一個犁，就不可能同時出借兩個犁。這個論點足以反駁以下的陳述：幸

虧有國家干預，才使人能借到比可出借的數量還多的犁。犁在這裏代表可用資本的總量。

　我確實極度簡化了資本借貸的過程，然而若用相同的標準來檢視最複雜的政府借貸機構，你會清楚看到這些機構做的事只有一件：重新配置貸款，而非「增加」貸款。某個國家在某個時點只能擁有某個數量的可用資本，而這些資本全配置於某些地方。國家為無力還款的借款人提供擔保，必然會增加借款人的數量與提高利率（這些做法犧牲了納稅人的權益），但國家的做法並不能增加貸款人的數量與貸款的總價值。

　然而，看在老天份上，不要將這樣的結論歸咎到我頭上。我只說法律不應該恣意鼓勵借貸，我沒有說法律應該恣意禁止借貸。如果在假設的例子裏或真實的世界中，存在著讓借貸難以傳布或推廣的障礙，那麼應該讓法律移除這些不便；沒有任何事比健全而公正的借貸更為重要。而這一點（連同自由）才是真正配稱為社會改革者的人士應該去要求法律做到的。**�**

㉜ 參見《無利息的借貸》（*Interest-free Credit*）法文版第五冊，頁
　282，第十二封信末尾。——法文版編者注

十、阿爾及利亞

　　四名議員在國民議會裏大聲疾呼。起初他們異口同聲地宣示，而後又輪番上臺表達看法。他們說了什麼？美好的願景，當然，這些全與法國的權力與強大有關；為了歡呼收割必須努力播種；我們廣大殖民地的璀璨未來；將「剩餘」人口流通到世界各地等等不一而足。議員們舌粲蓮花，最後總會有個冠冕堂皇的結論：

　　「若我們能表決通過五千萬法郎的預算案，在阿爾及利亞興建港口、道路，我們就能將殖民者運往當地，為他們興建房舍、開闢田地。如果諸位投票贊成這項議案，無異解除了法國工人肩上的重擔，鼓勵了非洲的就業，增加了馬賽的貿易。這些都有利於國家經濟。」

　　的確，這些說法都對，但前提是我們只考慮政府怎麼花費這五千萬法郎；我們只追問這筆錢往哪去，而不是從何處來；我們只考慮這筆錢在離開稅捐機關金庫時能帶來什麼好處，而不考慮它會帶來什麼壞處，也不考慮這筆錢一旦進了國庫後可能有什麼壞處。是的，我們必須把觀點局限到這麼狹隘，才會認為這件事只有好處沒有壞處。在巴貝里

（Barbary）❸興建房屋是看得見的部分；在巴貝里開闢港口是看得見的部分；在巴貝里創造就業機會是看得見的部分；在法國本土減少一定數量的勞動力是看得見的部分；擴大馬賽的商業活動，這也是看得見的部分。

　　然而，這裏面也有看不見的部分。國家花掉這五千萬法郎，意謂著納稅人少了五千萬法郎可以花用。公共支出固然能產生效益，但民間支出的減少也會造成損害──至少我們不會笨到認為，詹姆斯應該不打算花用他辛苦賺來的五法郎，所以稅務人員拿走這五法郎對他來說不痛不癢；這種說法相當可笑，顯然，詹姆斯辛苦賺這五法郎，是因為他想用這筆錢來換取滿足。他原本想用這筆錢替花園圍上籬笆，但現在卻沒錢可用：這是看不見的部分。他原本想替田地施肥，但現在卻辦不到：這是看不見的部分。他原本想添購幾項工具，但現在卻買不成：這是看不見的部分。他原本可以吃得更好，穿得更暖；他原本可以讓兒子接受更好的教育；他原本可以為女兒多辦點嫁妝，但現在一樣也做不成：這是看不見的部分。一方面，詹姆斯無法獲得滿足，手上沒錢什

---

❸ 譯注：巴貝里，泛指北非摩洛哥、突尼西亞、阿爾及利亞與利比亞的沿海地帶。

麼東西都不能買；另一方面，他原本可以用五法郎請村裏的
挖渠工人、木匠、鐵匠、裁縫與學校老師來做點事，但現在
這些人無事可做：這也是看不見的部分。

阿爾及利亞未來的繁榮決定了法國人民的福祉，這點值
得贊同。但我們也應該讓法國人民估算一下，我們在阿爾及
利亞投入龐大資金的同時，法國本土是否將不可避免地陷入
停滯？有人告訴我馬賽將會商機無限；然而這種成果如果是
以人們的稅金換來的，則我必須指出，馬賽以外的地區將因
此會有同等程度的商業衰退。他們說：「每運送一名殖民者
到巴貝里，就能讓國內居民少一份負擔。」我回答說：「把
殖民者運到阿爾及利亞的生活費用，是這些人在國內生活費
用的兩到三倍，這麼做如何能減少國內負擔？」❸❹

我提出這種觀點，只是為了讓讀者了解，公共支出表面
上可以帶來好處，實際上它的壞處往往躲在暗處。我盡一切
努力，希望讀者能養成觀察事物正反兩面並加以通盤考量的
習慣。

---

❸❹ 戰爭部長最近承認，每運送一個人到阿爾及利亞，國家必須花費八
　　千法郎。另一方面，我們確定只要四千法郎就能讓窮人在法國生活
　　得不錯。我很想知道，把一個人運到北非去的費用可以在國內養活
　　兩個人，這種做法如何能減少法國本土的負擔？——作者注

　　一旦有人提出公共支出的議案，我們必須通盤考量整件議案的價值，不能只片面考慮議案宣稱的各項好處，例如增加就業機會等等，因為任何事都有正反兩面，如果只看到好處沒看到壞處，那一定是幻覺。公共支出產生的效益，民間支出也能辦到。因此就業機會的增加根本無憑無據。

　　與阿爾及利亞相關的公共支出議案，本身固有的價值為何，已超出本文的討論範圍，在此恕不進行評估。

　　儘管如此，我還是忍不住要提出概括性的看法。我認為，以人民的稅收來推動公共支出不適合用來追求經濟利益。為什麼？以下是我的理由。

　　首先，這麼做或多或少會造成不公正。詹姆斯揮汗工作賺來的一百蘇幣，原本要用來滿足自己的需求，但稅捐的負擔使他無法滿足這項需求而必須將一百蘇幣交給他人，詹姆斯最起碼會因為此事而憤憤不平。當然，課稅的人總能想出千奇百怪的徵稅理由。我們已然見識到國家提出的惹人嫌惡的說法，例如：「有了這一百蘇幣，我可以讓某些人找到工作。」詹姆斯一聽到這個理由，一定會馬上回應說：「拜託！有了這一百蘇幣，我也可以自己僱用這些人來工作。」

　　一旦這項支持國家支出的論點遭到駁斥，其他與國家支出相關的說法也就無所遁形，國庫與可憐的詹姆斯之間的爭

論也會比較單純。如果國家對詹姆斯說：「我要從你身上拿走一百蘇幣，來支付警察的薪水，有了他們，你就不用親自維護自己的安全；這筆錢用來鋪設你每天都要行走的街道；支付治安法官的薪水，由他們來確保你的財產與自由能受到尊重；維持軍隊，來保衛我們的疆土。」如果我沒料錯，詹姆斯會一聲不吭地付錢。然而如果國家對他說：「我要拿走你的一百蘇幣，然後我會給你一蘇幣當作獎賞，如果你好好地耕種你的土地，或者讓你的兒子學習你不希望他學習的科目，或者允許內閣部長的晚餐增添第一百零一道菜，那麼我會給你一蘇幣。我可能會用這一百蘇幣在阿爾及利亞興建農舍，更甭說我還會再花一百蘇幣來支持當地的殖民者，以及再花一百蘇幣維持一支軍隊來保護他們，另外還要一百蘇幣請一名將領指揮這批士兵等等，以此類推。」我似乎聽到可憐的詹姆斯叫道：「這種法律制度簡直就是叢林法則！」而當國家預見反對的聲浪時，它會怎麼做？它會把所有的事全混在一起，提出一些似是而非又惹人嫌惡的論點：它會指出一百蘇幣對就業的好處；它會提到供應部長所需的廚師與商人；它向我們顯示仰賴這一百蘇幣維生的殖民者、士兵與將軍。簡單地說，它向我們顯示看得見的部分。只要詹姆斯還沒學會考慮看不見的部分，他就會被這種說法愚弄。這是為

什麼我要苦口婆心地告訴他這件事。

　　公共支出只能重新分配工作，而不會增加工作，這是我的第二個更嚴重的反對理由。重新分配工作，需要解雇工人，並且破壞了世界人口分布的自然法則。當五千萬法郎還留在納稅人口袋裏時，由納稅人散居全國各地，因此這筆錢在法國四萬個省縣鄉鎮中創造了就業；五千萬法郎使民眾與自己的鄉土緊密連結；它流通到絕大多數的工人手中與人們所能想像的各項產業。現在，如果國家從民眾手中拿走這五千萬法郎，將它們集中起來，然後全花在某個地區的建設上。這種做法將從別的地方吸引一定比例的勞動，也就是一定數量的遷徙流動人口。然而一旦政府的經費用罄，這些人也將流離失所，甚至（我敢說）成為社會的危險源！而以下是這種做法的全貌（藉此重申我的看法）：這種狂熱的做法，完全集中在一處狹小的區域裏，它吸引眾人的目光，而且是看得見的；人們為它喝采，驚異於這種做法造就的美麗與舒適，而且希望能持續與擴大這種做法。人們看不見的是，同樣數量的工作，而且可能是更有用的工作，卻因此從法國其他地方消失了。

十一、節儉與奢侈

看得見的部分掩蓋了看不見的部分，這種情況不僅出現在公共支出上。由於政治經濟學的全貌有一半被隱藏在暗處，因而使這種看得見與看不見的現象產生了錯誤的道德標準，因此讓國家誤以為道德利益與物質利益是水火不容的，天底下還有什麼比這個更令人沮喪和悲傷的？想像一下：

每個家庭的父親無不把教導孩子秩序、良好管理、節約、儉樸、節制支出視為自己的責任。

宗教無不嚴厲批判矯飾與奢侈。這些都很好，但是另一方面，以下這些格言似乎更加流行：

「囤積無益國計民生。」

「有錢人奢侈，小老百姓日子就好過。」

「揮霍的人毀了自己，卻造福國家。」

「沒有富人的浪費，哪有窮人的麵包。」

道德觀念與經濟觀念顯然在此出現矛盾。很多卓越人士已經看出這層衝突，卻完全冷眼旁觀！這令我百思不解。對我來說，最痛苦的事莫過於看到人們心中存在著兩種彼此拉扯的力量。無論是此端或彼端，只要過於極端就有可能使人

誤入歧途！過於崇尚節儉，人們可能陷入極度匱乏；過於奢侈浪費，人們可能道德破產！

慶幸的是，這些流行的格言並未正確說明節儉與奢侈的意涵，它們只顯示看得見的短期結果，卻未顯示看不見的長期效應。讓我們修正一下這個不完整的觀點。

蒙德（Mondor）與弟弟阿里斯特（Ariste）平分了父親的遺產，每人每年可以獲得五萬法郎的收入。蒙德從事當時流行的「慈善事業」。他揮霍無度，一年更換好幾次傢俱，每個月換一輛馬車；各種揮金如土的花招他都嘗試過；簡單地說，就連巴爾札克（Balzac）❸❺與大仲馬（Alexander Dumas）❸❻筆下的紙醉金迷，和他相比也失色許多。

蒙德所到之處，讚美之聲不絕於耳！「告訴我們有關蒙德的事蹟！蒙德萬歲！他是工人的救世主，他是人民的守護天使！他縱情於奢侈享樂，這一點千真萬確；他濺得行人滿身是泥；他自己的尊嚴與人類的尊嚴都因他的行為而蒙羞……但那又如何？如果他無法用勞動證明自己的價值，那

❸❺ 譯注：巴爾札克（1799-1850）是法國小說家與劇作家。著有《人間喜劇》。

❸❻ 譯注：大仲馬（1802-1870）是法國作家。著有《基度山恩仇記》與《三劍客》。

用財富總可以吧！他讓金錢流通。他的庭院從來不乏商人往來，他們離去時臉上總帶著滿足的笑容。不是有句話這麼說嗎，錢是拿來花的！」

阿里斯特過著截然不同的生活。他如果不是個利己主義者，那麼至少也是個「個人主義者」；因為他理性支出，只追求適度而合理的消遣娛樂，他為子女的未來做打算；簡單地說，他「儲蓄」。

現在我要各位聽聽大家是怎麼說他的！

「這個吝嗇的有錢人一無是處，他只是個守財奴。的確，他生活的簡樸令人動容，而他也相當博愛、慈善與慷慨。然而他也是『錙銖必較』的人。他從不花光他的收入，他的房子看起來毫不起眼而且門可羅雀。地毯商、馬車商、馬商與糕點商沒有什麼要感謝他的。」

大家都注意到的是：哥哥的揮金如土。大家沒注意到的是：節儉的弟弟其實支出與哥哥差不多，甚至還要更多。

然而在神聖的社會秩序創造者手中，萬事萬物都井井有條，因此在政治經濟學與道德裏，所有事物不可能出現衝突，而是充滿和諧。所以阿里斯特的智慧不僅充滿價值，而且遠比蒙德的愚蠢「獲利」更大。

當我說獲利更大時，我指的不只是阿里斯特的獲利更

大，或整個社會的獲利更大，我指的是當時的工人，乃至於當時的全部產業都因阿里斯特而獲利更大。

為了證明這點，我們必須將人類行為的隱藏結果彰顯在人類的心靈之前，這是人類的肉眼看不見的。

確實，大家都看到蒙德揮霍所產生的實際效果：每個人都看到他擁有各種類型的豪華馬車，如柏林（berlines）、蘭道（landaus）與費頓（phaetons），以及屋內天花板精緻的繪畫，昂貴的地毯，堂皇的豪宅。每個人都知道他養了純種的賽馬。他在巴黎宅邸內享用的晚餐羨煞大道上的民眾，人們交頭接耳地說：「這裏住著一個有錢人，他從不存錢，財產花掉了大半。」這是看得見的部分。

站在工人利益的立場，不太容易看出阿里斯特的錢究竟是如何花費的。然而，如果我們追溯一下，我們可以確信他的「每一分錢」都有助於工人就業，就跟蒙德的情況一樣。唯一的差別是：蒙德不加節制的花費最後必定會讓財產不斷減少，最後甚至花個精光；但是阿里斯特明智的花錢方式卻能使財產年年不斷增加。

若真是如此，則公共利益與道德顯然是一致的，沒有矛盾。

阿里斯特每年花在自己與房子上的開銷是兩萬法郎。如

果這還不足以讓他滿足，那麼他就稱不上明智。他同情染病的窮人，他覺得自己在道德上有義務幫助他們，因此他捐助了一萬法郎從事慈善。他的朋友有些是商人、製造商與農民，這些人有些正面臨財務困難。他深入了解他們的處境，並且提供審慎而有效的協助，為此他甚至提撥了一萬法郎的援助資金。最後，阿里斯特沒有忘記為女兒辦嫁妝，為兒子的未來做好準備，於是他每年儲蓄與投資一萬法郎。

這是他所得的使用方式：

a. 個人費用　兩萬法郎
b. 慈善　　　一萬法郎
c. 幫助朋友　一萬法郎
d. 儲蓄　　　一萬法郎

如果我們逐條檢視其中的內容，將會發現阿里斯特的錢全部都投入到各個產業當中。

「個人費用」：對工人與店主來說，這些費用的效果與蒙德的花費完全相同。這當中的道理一目瞭然，我們就不做說明。

「慈善」：為了慈善目的而捐助的一萬法郎也完全拿來支持產業；這筆錢最終會流向麵包師傅、肉販、裁縫與傢俱

商，唯一不同的是麵包、肉與衣服直接滿足的不是阿里斯特的需要，而是他幫助的窮人。消費的人不同，對於整體產業沒有影響。無論是阿里斯特花一百蘇幣還是窮人代替他花這筆錢，結果都是一樣。

「幫助朋友」：從阿里斯特手中獲得一萬法郎的朋友，他拿到這筆錢不是為了埋在土裏；這麼做將違背我們的假設。他會用這筆錢支付貨款或還清負債。以支付貨款來說，產業會受到激勵。誰敢說蒙德花一萬法郎購買的純種馬，會比阿里斯特或朋友花一萬法郎買的布料更有價值？如果這筆錢是用來還債，則結果是第三人，也就是債權人拿走這一萬法郎，但他終究會使用這筆錢，他肯定會用在生意、工廠或開採自然資源上。他只是阿里斯特與工人之間的中介者。花錢的人雖然不同，但錢確實花掉了，因此對產業同樣有激勵作用。

「儲蓄」：剩下的一萬法郎「被存起來」；從激勵藝術、產業或工人就業的角度來看，蒙德在這裏顯然優於阿里斯特，雖然在道德上阿里斯特略勝蒙德一籌。

當我看到自然的偉大法則居然存在矛盾時，心中感到極為痛苦。如果人類淪落到只能兩者擇一──選擇其一將傷害利益，選擇另一將傷害良心──則我們將對未來充滿絕望。

幸好現實並非如此。要了解阿里斯特除了擁有道德優勢，也擁有經濟優勢，我們只需了解這句能讓我們略感欣慰的格言，雖然表面上看來有點矛盾，卻不失真實：「存錢是為了花錢。」

阿里斯特省下一萬法郎的用意何在？他打算埋在花園的地洞裏嗎？不，當然不是。他儲蓄是為了增加資本與所得。這一萬法郎他並未拿來滿足個人需求，反而用來購買土地、房產、政府債券或公司企業；或許，他也會透過經紀人或銀行家進行投資。這些我們假設的金錢運用流程足以說明阿里斯特的所得（即使透過出賣人或借用人的中介亦然）完全用來支持產業，就跟阿里斯特的哥哥直接用金錢購買傢俱、珠寶與馬匹一樣。

阿里斯特用一萬法郎購買土地或公債，他這麼做是因為他還不想花這筆錢。這點可能成為人們攻擊的焦點。

然而，同樣的道理，賣掉土地或公債的人，他拿到一萬法郎以後一定會以某種方式花掉這筆錢。

因此這筆錢最終還是花掉了，無論是被阿里斯特還是被賣土地的人花掉。

從工人階級與產業獲得支持的觀點來看，阿里斯特與蒙德的行為只有一項差異。蒙德的支出由他本人直接在身邊完

成；這是看得見的部分。阿里斯特的支出有部分是由中介者在離他一段距離的地方完成；這是看不見的部分。然而事實上，對於能夠連結其中因果關係的人來說，看不見的部分就跟看得見的部分一樣真實。證據在於這兩個例子的金錢都是「流通的」，而明智的弟弟的金庫就跟他哥哥的一樣，早已空空如也。

因此，有關節儉對產業有害的說法其實並不正確。就這方面來說，它與奢侈一樣對產業有利。

然而，如果我們考慮的不是短期，而是長期的話，節儉是否會優於奢侈？

假設過了十年。蒙德與他的財富，連帶還有他受歡迎的程度會變成什麼樣子？它們已經成為歷史。蒙德毀了，不要說他無法每年投入五萬法郎給產業，他甚至自己都成為需要政府救濟了。無論如何，他已不是店主們歡迎的對象；他也無法給工人們任何好處，更甭提自己的子女，他給他們留下的只是不幸與痛苦。

同樣十年後，阿里斯特不僅持續將自己的所得投入到產業中，甚至能夠逐年增加他的所得。他增加了全國的資本，也就是說，他擴充了薪資基金；由於對工人的需求取決於這些基金的規模，因此阿里斯特等於逐步提升了工人階級的薪

資。如果他死了，他會把推動進步與文明的工作傳承給他的子女。

道德上，節儉優於奢侈，這是不爭的事實。值得欣慰的是，從經濟的角度來看，如果不要只看立即效果，而是考慮到最終的影響，那麼節儉也同樣優於奢侈。

十二、就業的權利與獲利的權利

「同胞們，請你們繳稅，讓我有工作可做。」這是就業的權利，是基本或初級的社會主義。

「同胞們，請你們繳稅，讓我有些錢可以賺。」這是獲利的權利，是進階或第二級的社會主義。

這兩種權利的存在仰賴看得見的效果。當我們把看不見的效果亮出來，這兩種權利將無立足之地。

整個社會因繳稅而產生的工作與獲利，這是看得見的部分。用來產生工作與獲利的這筆稅金，如果還給納稅人，一樣也能產生工作與獲利，這是看不見的部分。

一八四八年，就業的權利曾經以兩種形式出現。而這兩種形式已足以讓就業的權利在輿論中無所遁形。

其中一個是「國家工作坊」（National Workshop）。 **❸⁷**

另一個則是「四十五生丁」（forty-five centimes）。 **❸⁸**

---

❸⁷ 譯注：法國在二月革命後，為了吸收大量的失業者，因此成立國家工作坊，保證每個公民都能得到工作。

❸⁸ 譯注：法國在二月革命後，政府為了解決財務問題（前面說的國家工作坊構成沉重的財政負擔）而加徵稅收。政府針對四項直接稅增

數百萬人每天從里沃利街前往國家工作坊工作。這是銅板美麗的一面。

然而銅板還有另外一面。為了從國庫掏出數百萬法郎做為薪資，首先要讓數百萬法郎進到國庫裏才行。於是就業權的推動者開始把腦筋動到納稅人身上。

現在，農民說：「我必須支付四十五生丁。這樣我就沒錢買衣服、施肥、修理房子。」

於是，等著受僱的工人說：「因為我們的老闆沒錢買新衣，裁縫的工作就少了；他不打算施肥，挖渠工就沒事幹了；他不想修理房子，木匠與泥水匠只好待在家裏喝西北風。」

一筆交易不可能獲利兩次。政府為了支付國家工作坊的薪資而提高稅率，納稅人繳稅之後，減少對產業的需求，產業因此受到傷害。在這種狀況下，就業的權利當然無以為繼，它不僅被民眾視為一場幻覺，也被批評為不公正。

然而，獲利的權利（它只是就業權的浮誇版本）卻存續下來而且獲得發展。

稅45%，也就是說，原本稅金1法郎，此時增為1.45法郎，增加了四十五生丁。

保護主義者把社會搞成這樣，難道不覺得羞恥嗎？

保護主義者對社會說：

「你們必須給我一份工作，而且必須是有利可圖的工作。我以前入錯了行，結果讓我虧損了百分之十。如果你們對全國民眾課徵二十法郎稅金的時候，能給我免稅的權利，那我就可以轉虧為盈了。現在，獲利是我的權利；你們有義務讓我獲利。」

社會聆聽這名詭辯者的說詞，決定對自己課稅來滿足他的要求，社會沒有察覺到讓某個產業沒有損失，不代表損失會憑空消失，因為其他產業將被迫承擔這項損失——依我來看，如此昏聵的社會蒙受這樣的負擔也是自作自受。

因此，從我討論過的許多主題可以看出，不懂政治經濟學的人很容易被直接的經濟效果迷惑；了解政治經濟學的人懂得將所有的效果（包括直接效果與未來效果）加總起來，整體地加以考量。 ❸❾

---

❸❾ 如果一項行動的結果直接反饋到行動者身上，我們很快就能了解教訓，並且做出修正。然而真實的世界往往不是如此。有時我們得到的是可見的正面效果，不可見的負面效果則影響到他人，這使得原本不可見的效果更難以察覺。因此，我們必須等待承受負面結果的人做出反應，有時這需要很長一段時間，因而無形中使錯誤造成的

　　我還可以提出各種問題，讓它們接受相同的檢驗。但我不打算這麼做，因為同樣的證明反覆來回地說明，總會讓人感到單調無趣，因此我引用夏多布里昂（Chateaubriand）❹談歷史的這一段話，應用到政治經濟學上來做為結語：

　　歷史有兩種結果：一種可以直接、立即辨識出來；另一種乍看之下遙遠而難以辨識。這兩種結果通常彼此矛盾，正如短視與遠見互不相容。人類的事件背後總是隱藏著神意；人總是受到上帝的安排。人類一方面排斥，另方面又渴望無上智慧。人類不相信上帝的一舉一動，總是在文字上鑽牛角尖，把一般人口中的「神意」稱之為「環境的力量」或「理性」；但是，只要留意已完成

影響不斷擴大。

　　某人做了一件事，產生的正面效果是10，獲利全歸他所有。但這件事產生的負面效果是15，卻由三十個人分攤，每個人分得的負面效果只有0.5。就總和而言，損失大於獲利，必須做出修正。然而我們必須坦承，要做出修正需要很長的時間，因為負面效果散布在民眾之間，而正面效果卻集中在一人身上。——出自作者未出版的散篇文章

❹ 譯注：夏多布里昂（1768-1848）是法國政治家與浪漫主義作家。起初政治立場傾向於保皇與復辟，而後開始傾向自由主義，一八三〇年後更是對君主制徹底失望，之後則完全退出政界，專心致力於文學創作。

的事實末尾，你會發現，一起事件在發生之初如果未奠基在道德與正義上時，最後的結果總會與預期的相反。

——夏多布里昂，《墓碑彼岸的回憶錄》（*Memoirs from beyond the Tomb*）

論法律 ❶

The Law

❶ 這本小冊子是一八五〇年六月，作者在穆格隆（Mugron）與家人短
暫相聚的幾天當中寫下的。——法文版編者注

　　法律被誤用了！而且連同國家的一切集體力量一起墮落！法律不僅偏離了原先的意旨，還反其道而行！法律未能制止欲望，反而成了追求貪念的工具！法律居然犯下自己該施予懲罰的惡行！當然，如果事情真是如此，那可是極為嚴重的問題，我必須在此呼籲國人重視此事。

　　我們從上帝手中取得天賦，一種包含各種天賦的天賦。我們獲得了生命，其中包括了肉體、精神與道德的生命。

　　然而生命並非自給自足的。上帝賜予我們生命，也交託責任給我們，我們必須保護、發展與完善自己的生命。

　　為了這個目的，上帝提供我們各種不可思議的能力，並且讓我們置身於各種資源之中。唯有把我們的能力運用到資源上，我們才能「同化」（assimilation）❷與占有（appropriation）資源，使我們的生命朝著既定的路線前進。

　　存在、能力與同化，換句話說就是人格（personality）、

---

❷ 譯注：assimilation原本指的是攝取營養並將其消化吸收的過程。以此延伸出吸收知識而理解成為自己的思想，或讓某一群人接受某社群的文化、價值，進而成為社群的一部分。作者在此使用這個字，指的應該是人類藉由自己的能力運用資源來發展自我，資源雖然經運用而耗盡，但人類的肉體與精神卻得以發展，亦即資源以另一種形式與自我合而為一，因此譯為同化。

自由（liberty）與財產（property），這三件事物使得人之所以為人。

我們毋需任何煽動性的詭辯，就能知道這三件事物先於而且高於人類的一切立法。

不是因為人類通過了法律所以人格、自由與財產才得以存在。相反地，是因為人格、自由與財產已經存在，所以人類才制定法律。

那麼，什麼是法律？我曾在別的文章說過，法律是個人行使其正當防衛權利的集體組織。❸

我們每個人當然都從自然或上帝那裏獲得了保衛自己人格、自由與財產的權利。這三種要素構成並維持了生命，而且三種要素之間彼此互補，少了其中一種就無法了解其他兩種。因為，如果我們不延伸我們的人格，那麼我們如何能具備各種能力？如果我們不擴展我們的能力，又怎麼會有財產？

如果每個人都有防衛其人身、自由與財產的權利（即使需要使用武力），那麼，一群人也有權利聯合起來，彼此達

---

❸ 參見《政治經濟學選集》（*Selected Essays on Political Economy*）第八章〈掠奪與法律〉（Plunder and Law）一文的最後兩頁。——法文版編者注

成協議，組織集體性的武力來為彼此提供經常性的防衛。

　　因此，集體權利的原理、「存在理由」與合法性基礎，都源於個人權利；因此，按照道理，集體力量的目的與功能都必須與它所取代的個人力量一致。

　　因此，如果個人使用暴力侵害他人的人身、自由或財產是不合法的，基於相同的理由，運用集體性的暴力破壞個人或一群人的人身、自由與財產，也是不合法的。

　　因此，無論是何種情況，不正當地使用暴力，都與我們的前提產生矛盾。誰敢說上帝賦予我們力量，不是為了讓我們保衛自己的權利，而是為了讓我們摧毀自己的同胞所擁有的相同權利？如果個人不能這樣使用力量，集體的力量當然也不可以，因為集體力量是由每個個人的力量組織起來形成的。

　　因此，要說有什麼說法是不證自明的，就是以下這點：法律是正當防衛這項自然權利的組織體。法律以集體力量取代個人力量，在有權行動的範圍內行動，做有權去做的事：保障人身、自由與財產權，「公平」地統治每一個人。

　　如果國家建立在這項基礎上，我認為秩序將不只是理論，而且能夠具體落實。我相信這個國家將擁有人們所能想像最簡潔、最經濟、負擔最少、最不令人不安、最不仗勢欺

人、最公正與最穩定的政府，無論它的政治形式是什麼。

　　在這樣的政府統治下，每個人都可以清楚了解，人生的完整幸福，以及人生的完全責任，只有自己能享有，也只有自己能揹負。只要每個人都受到尊重，可以自由勞動，勞動的成果受到保障而能對抗一切不當侵害，那麼沒有人會跟國家作對。幸運時，我們毋需將自己的成功歸功於國家（事實上也不是國家的功勞）；不幸時，我們也不能將自己的失敗歸咎於國家，頂多只能像農民埋怨冰雹寒霜一樣望天興嘆。我們要了解，國家提供的是基本的「保障」，而非明確的利益。

　　我們可以進一步肯定的是，由於國家不干預私人事務，需求與滿足將可在自然的狀態下發展。我們不應該看到貧窮家庭在擁有麵包之前追尋文學的指引。我們不應該看到城市為了吸引人口而讓鄉村人口外流，或為了繁榮鄉村而傷害城市。我們不應該看到政府以立法措施大量挪移資本、勞動與人口，這種挪移將使民眾的存在變得不確定與不安，同時也讓政府揹負沉重的責任。

　　遺憾的是，法律從來不能謹守分際。它不只在無關緊要的爭議上逾越自身的正當職能，更糟的是，法律完全違背原先的意旨；它摧毀了自身的目標：法律被用來廢棄它理應維護的正義，並且抹滅它應當尊重的權利界限；法律讓集體力

量成為謀私利者的工具，使他們能毫無風險肆無忌憚地侵害他人的人身、自由或財產；法律把掠奪變成權利，使其受到保障，把正當防衛變成犯罪，使其受到懲罰。

這種誤用法律的現象是如何造成的？它又會產生什麼後果？

法律被誤用，主要是受到兩項非常不同的因素影響：不智的自私與錯誤的博愛。

讓我們談談第一項原因。

自我的存續與發展是每個人共通的渴望，因此，如果每個人都能自由地發揮自己的能力與自由地處分自己的勞動成果，那麼社會將能永續不墜地進展下去。

然而還有另一種常見的做法，那就是損人利己。這項指控並非空穴來風，也不是一種陰沉而過度悲觀的說法。回顧歷史，處處可見這樣的例子：史冊上年年記載著持續不斷的戰爭、流離失所的難民、教士專制的惡行、普遍流行的奴隸制度以及商業上的欺詐與壟斷。

這種可悲的行徑出自人類的本性，原始、普遍而難以克制的生物本能驅使著人類追尋一己之利與逃避痛苦。

人類只能靠著持續同化與占有，亦即，持續將自己的能力透過勞動的方式運用在事物上，才能生存與享受生活。這

是財產的起源。

但實際上，人類也可以透過同化與占有其同胞的勞動成果來生存與享受生活。這就是掠奪的起源。

勞動本身是辛勞的，而人類天性好逸惡勞，因此——歷史證明了這點——凡是在掠奪比勞動較不辛苦的地方，掠奪就會成為人類普遍的做法；在這種情況下，無論是宗教還是道德，都無法起到導正人心的作用。

那麼，掠奪何時會停止呢？答案是：當它變得比勞動更辛苦也更危險的時候。

顯然，法律的目的應該是以強大的集體力量來阻絕這種有害的行為，以保護人民的財產不致遭到掠奪。

然而法律通常是由某個人或某個階級的人所制定。而且法律不可能在未經准許或未經優勢力量的支持下存在，所以法律的力量不可避免將掌握在立法者的手中。

這種不可避免的立法現象，結合了人類天性（如前面提到的）可悲的傾向，說明了為什麼法律普遍遭到曲解誤用。我們可以了解法律何以不對不義之事加以限制，反而成為不義的工具，甚至是最無可抵擋的工具。我們也可以了解，法律由於立法者權力的大小以及立法者獲利的多寡，而不同程度地摧毀其他人的權利，例如奴隸制度侵害了人權，壓迫侵

害了自由權，掠奪侵害了財產權。

　　人類遭遇如此不公之事，自然會產生反抗之心。因此，當掠奪被法律組織起來為立法階級牟利時，被掠奪的階級便會試圖以和平或革命的方式介入立法。這些階級根據他們啟蒙程度的不同，在尋求政治權利時會提出兩種不同的目標：他們要不是希望結束合法掠奪的狀態，就是希望自己也能參與合法掠奪。

　　如果大多數群眾奪取立法權只是為了分一杯羹，那麼這對國家而言將是一場災難。

　　過去，合法掠奪是少數人對多數人的掠奪，凡是立法權掌握在少數人手裏的國家均是如此。但現在立法權掌握在全民手裏，結果民眾革除弊端的方式竟是進行全民掠奪。社會不正義非但沒有廢除，反而成為普遍現象。以往遭受掠奪的階級一旦獲得了政治權力，第一個念頭不是廢除掠奪（他們的腦袋大概沒有好到這種程度），而是組織起報復體系來對付其他階級，但這樣的體系卻也害了他們自己；彷彿在正義得勢前，必須先用嚴酷的報復手段清洗這個世界似的。有些人確實罪有應得，但有些人純粹是因為自己無知。

　　一個社會所能面臨的變遷與邪惡莫過於此：把法律變成掠奪的工具。

　　法律遭到誤用會有什麼後果？真要說起來可真是罄竹難書，我們只能舉出犖犖大者。

　　首先是將公正與不公正的界線從人們的良知中泯除。

　　如果人們對法律沒有一點尊重，那麼這樣的社會幾乎不可能存在；但是，要讓法律獲得尊重，最純粹的方式莫過於讓法律本身成為值得尊重的事物。當法律與道德出現矛盾，民眾發現自己處於進退維谷的局面，他們要不是失去道德感，就是失去對法律的尊重，這兩條路同樣邪惡，令人難以選擇。

　　法律的本質應該是彰顯正義，因此在民眾心中，法律與正義幾乎是同義詞。我們總是把合法的事視為正當的事，甚至錯誤地以為只要法律規定的便合乎正義。因此，當法律下令掠奪並且授權掠奪時，許多有良知的人居然也認為掠奪是正義而神聖的。例如法律規定的奴隸制度、貿易限制與壟斷，不僅獲利的人支持，就連受害的人也支持。如果有人基於道德信念而質疑這些制度措施，人們會說：「你是個危險的標新立異人士、一名烏托邦主義者、一名理論家，一名輕視法律的人；你破壞了社會的基礎。」如果你教授的科目是倫理學或政治經濟學，你將發現官方組織會向政府請願：「從今日起，經濟科學『不能』再像過去一樣只依據自由貿

易（與自由、財產、正義）的觀點授課，而要根據法國產業常見的事實與立法（以及與自由、財產、正義相反的觀點）來解釋。」

「那些領國家薪水的教授必須嚴守規定，不許對『現行法』有一丁點不尊重。」❹

因此，如果有法律允許奴隸制度或壟斷，允許壓迫或強取豪奪（無論用什麼方法），那麼人們對於這部法律最好連談都不要去談它；因為在這種狀況下，不管說什麼都會損害人們對法律的尊重。此外，倫理學與政治經濟學也必須根據「法律既然是法律，就表示它一定是公正的」這項假設來授課。

法律遭到誤用的另一個可悲結果是過度渲染了政治熱情與鬥爭，乃至於誇大了整個政治領域的重要性。

我有上千種方法可以證明它。但我在這裏只用例證的方式將這項說法與人們最近關注的一項主題連繫起來，那就是全民普選。

無論盧梭的追隨者──他們自稱是先行者，但我認為他

---

❹ 製造、農業與商業委員會（一八五○年五月六日會期）。──法文版編者注

們足足比我們落後了兩千年——對全民普選抱持什麼想法，全民普選絕非神聖不可侵犯的教條，不許人們檢視或質疑。

我們可以針對全民普選，提出一些嚴正的反對理由。首先，全民（universal）這個詞隱藏了相當粗疏的詭辯。法國有三千六百萬居民。要讓「全民」有選舉權，意謂著要有三千六百萬名投票者。但在最廣泛的選舉制度裏，卻只有九百萬人有投票資格。也就是說，四個人中有三個人被排除在外，更過分的是，他們是被四分之一的人排除在外。這種排除是根據什麼原則？答案是根據無能力原則（principle of incapacity）。全民普選因此意指有能力的人才有選舉權。如此仍留下一個事實問題：誰是有能力的人？年齡、性別和犯罪紀錄是判定能力有無的唯一標準嗎？

如果我們更仔細地檢視這個問題，我們很快會發現選舉權是建立在能力的假設上。就這一點來說，最廣泛的選舉制與限制最多的選舉制，兩者不同的地方僅在於能力評估的標準。也就是說，兩者之間只有程度的差異，而非原則的差異。

理由是：投票者不光是為了自己而投票，也為了每一個人。

依照希臘與羅馬共和主義的說法，普選權是每個人與生

俱來的權利，因此成年男子反對女性與兒童有投票權顯然違背了公正精神。為什麼不讓她們投票呢？因為她們被假定為無能力。為什麼無能力可以做為排除的原因？因為承受投票後果的不光是投票者本人；因為每一張選票都牽涉到而且會影響整個社群；因為社群顯然有權要求經過投票決定的法案能提供某些保障，社會的福祉與生存都有賴於此。

我知道會有什麼樣的回應。我也知道往復來回會有什麼樣的答辯。在此我們不適合針對這項爭議做無止盡的討論。我只想指出一點，那就是一旦法律回歸或維持原本應有的狀態，那麼這場在各國引發喧騰不安的爭議（連同許多政治問題）馬上就會消弭於無形。

事實上，如果法律的範圍僅限於保障所有民眾的人身、自由與財產權；如果法律只是個人行使正當防衛權利的組織體，能阻礙、箝制與懲罰所有的壓迫與掠奪；那麼我們這些平民百姓是否還會熱烈地爭論投票權的普及程度？而這些爭論是否還會危及最大的利益，亦即公眾的和平？被排除的階級難道不會和平地等待選舉權的到來嗎？難道不是因為那些既得利益者依舊把持自己的特權不放？當所有人的利益都相同而且是共通的情況下，被授予公民權的人，他們的投票行為並不會對其他人構成多大的不便，這不是很清楚的事嗎？

　　但是，一旦在組織、管制、保護或鼓勵的託詞下引進之前提到的災難原則，則法律將「從某些人身上掠奪權利，並將這些權利移轉給其他人」，法律可以從各階級手中奪取財富，以增添某階級的財富，無論這些階級是農民、製造商、商人、船主、藝術家或演員；在這種情況下，當然每個階級都有充分的理由要求參與立法；他們會強烈主張自己有投票的權利與資格；他們若是得不到權利，很可能會採取推翻社會的手段。就連乞丐與遊民都會向你證明他們有無可爭議的投票權。他們會對你說：「我們買酒、菸草或鹽巴的時候，從沒少繳稅，而稅金裏有一部分全依照法律以贈品與補貼的方式給了比我們有錢的人。其他人則利用法律獨斷地調漲麵包、肉品、鐵與衣物的價格。每個人都利用法律為自己牟利，所以我們也想這麼做。我們希望法律讓我們有『公共救濟的權利』，這是窮人能分得的掠奪成果。為了達成這個目的，我們必須成為選舉人與立法者，才能為我們的階級籌得大量的救濟品，一如你們為自己的階級大張旗鼓地推動保護關稅一樣。不要告訴我們，你們會為我們著想，會為我們的發展貢獻心力。如米梅瑞爾先生（M. Mimerel）❺所說的，你

----

❺ 譯注：米梅瑞爾（Auguste Pierre Rémi Mimerel, 1786-1871）是法國

們會用六十萬法郎塞住我們的嘴，就像丟根骨頭讓狗去啃，這樣牠就不吠了。我們有其他需求，無論如何，我們想為自己爭取權利，就像其他階級為自己爭取權利一樣！」

人們能對這類論點做出什麼回應？是的，只要法律偏離真正的本旨，法律就無法保障財產權，甚至還會侵犯財產權。每個階級都想自行制定法律，他們也許想反抗掠奪，但也可能為了自己的利益而組織掠奪。政治問題總是對話的、支配的與引人入勝的；簡言之，民眾會不斷敲打立法機構的大門。在立法殿堂內部，鬥爭不會比在外頭輕鬆。想明白這點，其實不需要深入觀察法國與英格蘭國會的內部議程；光是知道他們辯論的議題就夠了。

我們是否需要證明這種可憎的法律濫用是造成仇恨、不和乃至於社會混亂的遠因？我們可以看看美國。世界上找不到任何一個國家的法律比美國更謹守分際，亦即，美國的法律僅限於保障民眾的自由權與財產權。因此，沒有任何一個國家的社會秩序基礎比美國來得穩定。然而，即使是美國也存在著兩個問題（只有這兩個問題），自從美國建國以來，

棉產業鉅子，主張課徵關稅來保護國內的棉產業。然而此舉無異於利用國家力量為自己牟利，因此成為巴斯夏抨擊的對象。

這兩個問題屢次危及美國的政治秩序。這兩個問題是什麼？
就是奴隸制度與關稅，這是美國唯一兩項帶有掠奪性質且
違反共和國精神的法律。奴隸制度是對人權的合法侵害。保
護關稅是對財產權的合法侵害。值得注意的是，在許多爭議
中，唯有這兩項「法律災難」（它是從舊世界帶來的悲劇性
遺產）將可能導致日後聯邦的崩解。法律淪為不正義的工
具，我們確實很難想像在社會上還有什麼比這更悲慘的。如
果這個在美國屬於例外的事實，在美國已造成如此可怕的後
果，那麼移到以此為原則與體系的歐洲恐怕後果更不堪設
想。

　　蒙塔倫貝爾先生（M. de Montalembert）❻贊同卡里耶先
生（M. Carlier）❼著名聲明中的想法，他表示：「我們必須向
社會主義開戰。」而根據杜邦先生的定義，我們必須把社會
主義看成掠奪的同義語。

　　然而杜邦先生指的是哪種掠奪？因為掠奪有兩種：「法外
掠奪」（extralegal plunder）與「合法掠奪」（legal plunder）。

---

❻ 譯注：德‧蒙塔倫貝爾（Charles Forbes René de Montalembert）是
　法國政論家與歷史學家，立場偏向自由主義。
❼ 譯注：卡里耶（Pierre Carlier, 1799-1858）曾任巴黎警局總長。

　　法外掠奪，例如竊盜或詐欺，這是刑法典規定的犯罪，我不認為我們可以將社會主義的名稱安插在這些罪名上。真正對社會基礎構成系統性威脅的不是法外掠奪。此外，對抗這種掠奪毋需等待蒙塔倫貝爾先生或卡里耶先生的發起召喚。從有人類以來，這樣的戰爭就已經開始。法國對於法外掠奪的戰爭早在二月革命之前、早在社會主義出現之前就已展開，並且為此設置了完整配套的法院、警察、憲兵、監獄、地牢與絞刑臺。法律是這場戰爭的執行者，我認為，這裏可取之處在於，法律對於掠奪的態度本應如此。

　　但這種狀況不是我們關心的重點。法律有時會與掠奪者站在一起，甚至會親自進行掠奪，好讓受惠者免於羞恥、危險與良心不安。法律有時會動用法院、警察、治安人員與監獄體系為掠奪者服務，當被掠奪者起而為自己辯護時，反而成了階下囚。簡單地說，這就是所謂的「合法掠奪」，蒙塔倫貝爾先生提的掠奪無疑指的是這一種。

　　這種掠奪有時只是國家立法上的一個小瑕疵，此時最好的做法不是長篇大論的攻擊與哀嘆，而是無視既得利益者的抗議，盡快去除立法疏漏。要如何辨識這些立法疏漏？很簡單。我們只要注意法律是否拿走某人的所有物，並將該物移轉給他人。我們必須觀察法律是否為了增加某個民眾的利益

而減損另一個民眾的利益，尤其當民眾若無這類法律的支持而這麼做就有可能違法時，通常就顯示這是一種法律支持下的掠奪。一旦發現有這種法律存在，就必須馬上加以廢除。這種法律不僅本身是一種邪惡，它同時也是邪惡的溫床，因為它產生報復心態。如果你不及早糾正，例外可能演變成常態，而且不斷孳生，最後成為貨真價實的體系。因為這項法律而受惠的人士絕對會極力反對廢除法律；他會訴諸他的「既得權利」；他會主張國家有義務保障與鼓勵他的產業；他會宣稱國家讓他富有對大家都有好處，當他變得更富有時，他會消費得更多，發放薪資給大量貧窮的工人。不要相信這種詭辯，「合法掠奪」就是利用這種有系統的論證而形成體系。

事實上，這類事件目前正在發生。我們這個時代盛行著一種幻覺，以為透過彼此犧牲一些利益可以造福所有的階級──以法律為幌子，實際上進行的卻是全面性的掠奪。今天，用來進行合法掠奪的方法多不勝數；與此相應，組織掠奪的計畫也多如牛毛：關稅、保護、分紅、補貼、誘因、累進稅、義務教育、就業權、獲利權、薪資權、救濟權、生產工具權、無息貸款等等不一而足。這些計畫的共通點在於它們都是合法掠奪，而且這些計畫全都是「社會主義」主張的

措施。

社會主義被定義成掠奪的同義語，但社會主義也是一種理論學說，如果我們不針對學說進行批判，那麼我們要向社會主義發動什麼樣的戰爭？你認為社會主義學說錯誤、荒謬、令人憎惡，於是你反駁這個學說。與廢止法律相比，反駁學說是容易多了，因為學說的錯誤、荒謬與令人憎惡之處遠較法律來得明顯。你必須果斷堅決才能從法律中找出潛藏其間的社會主義並予以去除。總之，廢除法律絕非易事。

人們指責蒙塔倫貝爾先生缺乏野蠻果敢的精神來對抗社會主義。這項指控對他並不公平，因為蒙塔倫貝爾先生曾公開表示：「我們必須向存在於法律、榮譽與正義中的社會主義開戰。」

但蒙塔倫貝爾未能察覺自己陷於惡性循環之中。怎麼說呢？你想以法律來反對社會主義？但是社會主義訴諸的正是法律。社會主義尋求的不是法外掠奪，而是合法掠奪。社會主義就像所有的壟斷形式一樣，它總是試圖運用法律；一旦社會主義獲得法律的奧援，你如何期望運用法律來反對它？你又如何期待法院、警察與監獄能協助你打擊社會主義？

所以，你該怎麼做？你想阻止社會主義者插手立法。你想阻止社會主義者進入立法機構。我敢斷言你無法成功，因

為在立法機構裏，法律的通過是根據合法掠奪原則。你的想法大錯特錯，也太愚蠢。

合法掠奪的問題必須尋求一勞永逸的解決方式，而我們只有三個選擇：

少數人掠奪多數人。

每個人掠奪每個人。

沒有人掠奪任何人。

部分掠奪、全面掠奪與無掠奪，人們只能從這三種當中選擇一個。法律只能遵循這三種可能方案的其中一種。

「部分掠奪」只有部分民眾有投票權，有些人希望回到這種選舉制以避免社會主義入侵。

自從推動「全民普選」以來，「全面掠奪」的系統就對我們構成威脅，群眾普遍希望遵循先前立法者的原則來推動新的立法。❽

「無掠奪」體現了正義、和平、秩序、穩定、和諧、健全的判斷能力等原則，我將全力（唉，可惜我已年老力衰）擁護這項系統，至死方休。

---

❽ 譯注：也就是從「部分掠奪」進展到「全面掠奪」。

　　坦白說，我們還能要求法律做什麼？法律具有強制效果，它除了保障民眾權利外，還能合理地做哪些運用？我懷疑，一旦法律逾越了保障權利的範圍，是否還能不違反人權或不以強制力侵害人權？違反與侵害人權是我們想像中最糟糕也最不合道理的社會惡行，因此我們必須清楚認識到，雖然有許多人努力追尋社會問題的解決方式，但其實真正的解法只有幾個字：「法律是組織過的正義（The law is organized justice）。」

　　因此，透過法律──或強制力──來組織正義，就必然要排除以法律或強制力來組織或安排人類的各種活動的想法，這些活動包括了勞動、慈善、農業、商業、工業、教育、美術或宗教；因為，用法律來組織這些次級活動，不可避免地會摧毀最核心的結構──正義。事實上，我們無法想像法律力量在侵害人民自由時不會連帶對正義造成打擊，而違背法律的正當目標。

　　在此，我與這個時代最流行的偏見產生衝突。人們不僅希望法律是公正的；也希望法律是博愛的。他們不滿意正義只保障每個民眾在不侵犯他人的狀況下自由運用其能力來尋求身體、智能與道德的發展；他們也要求正義應該直接將福利、教育與道德推行到全國各地。這是社會主義誘人的一面。

　　然而我要重申，法律的這兩項功能是彼此矛盾的。我們只能選擇一項。民眾不可能在擁有自由的同時又失去自由。拉馬丁先生有一天寫信給我，他表示：「你的學說只有我的計畫的一半。你談到自由就不講了，我則繼續談到博愛。」我在回信時說道：「你的計畫的第二部分將會毀了第一部分。」事實上，對我來說，要把「博愛」與「自願」這兩個詞彙分開是不可能的。我無法想像，當博愛被法律明訂為「必須」從事的行為時，自由不會遭到「合法」摧毀而正義不會被「合法」踩在腳下。

　　合法掠奪有兩項根源：一個是我們剛才提到的人類的自私；另一個則是錯誤的博愛。

　　在進一步說明之前，我想我必須先解釋我所謂的「掠奪」（plunder）是什麼意思。

　　我對「掠奪」一詞的使用，不像一般人那樣採取模糊、不明確、近似或隱喻的用法；相反地，我採取的是精確的科學定義，用以表達它與財產權相對立的概念。當財產的移轉未獲所有人同意且未支付對價或償金，而是透過強制或詐欺從財產所有人移轉到非財產創設人時，我認為該財產權已遭到侵害，而該侵害行為就是我所謂的掠奪。我認為無論何時何地法律都應該制止這種行為。如果法律本身犯下了它理應

防止的罪行，我認為這仍是掠奪，而且就整個社會而言，這甚至是更嚴重的掠奪。然而，在這種情況下，應該為掠奪行為負責的不是掠奪行為的受益者，而是法律、立法者與社會本身，而且正是在此種情況下，蘊含著政治危險。

「掠奪」這個詞帶有冒犯的意涵，這點令人感到遺憾。我已經試著尋找其他詞彙，卻徒勞無功。我其實不想在任何時候，特別是在這個時候，使用一個容易激怒對手的詞彙。因此，無論人們相信與否，我都要明白表示，我無意貶低任何人的動機或道德。我攻擊的是我認為錯誤的觀念與不公正的系統，這種不公正在無形中散布各地，我們每個人都在不知不覺中獲利，也在不知不覺中受害。人們免不了受到黨同伐異的意識影響，因而不敢去質疑保護主義、社會主義乃至於共產主義——這三個主義只是同一株植物的三個成長階段——的支持者們的真誠。我們可以確定的是，在保護主義中，掠奪是只造福一部分的人，❾在共產主義中掠奪則是普

---

❾ 如果法國只允許某個階級（例如鐵匠）實行保護主義，那麼這種荒謬的掠奪絕對無法維持下去。因此我們看到所有受保護的產業全團結在一個共同的宗旨之下，它們徵募成員的方式甚至經過計算，企圖將所有產業連結為整個「國家產業」。本能告訴他們，只要所有的人一起掠奪就不是掠奪。——作者注

遍性的；從這裏可以推論出，在這三個系統中，社會主義是最模糊與最不明確的，因而也是最真誠的。

無論如何，只要承認錯誤的博愛是合法掠奪的根源之一，光是這一點就足以說明他們的動機不是問題，他們是出於博愛才這麼做的，儘管那是一種錯誤的博愛。

了解這點之後，讓我們來檢視人們普遍懷有的這項期望，也就是透過全面掠奪來實現全面福祉，然後我們將思索這樣的做法是否值得，它會從何做起，它將產生什麼結果。

社會主義者問我們：「既然法律組織了正義，為什麼法律不應該組織勞動、教育與宗教？」

為什麼？因為法律組織勞動、教育與宗教時，勢必會破壞它所組織的正義。

別忘了法律是一種強制力，因此法律的領域無法正當地延伸到強制力的正當範圍之外。

當法律與強制力基於正義對某人施加限制時，它們只會對他提出消極的要求。法律與強制力只要求他遵守不要傷害他人的義務，不會去侵犯他的人格、自由或財產。法律與強制力只是對其他人的人格、自由與財產提出保障，它們居於守勢，平等地保護每個人的權利免受侵害。法律與強制力顯然不具侵害性，它們的用處非常明顯，而它們的正當性也無

可爭議。

我的朋友曾告訴我,「法律的目的是彰顯正義」,這句話雖然真切,但內容卻不明確。人們應該說:「法律的目的是防止不正義受到彰顯。」事實上,真正存在的不是正義,而是不正義。當不正義的現象被消弭時,才有正義可言。

但是,當法律透過強制力(法律行動時必要的媒介)進行介入,當它強制執行某種勞動制度、某種教育方法或教育主題、某種信仰或某種宗教,這時法律對民眾的要求不再是消極的不作為,而是積極的作為。此時,立法者的意志取代了民眾自己的意志,立法者的規畫取代了民眾自己的規畫。民眾從此不需要共同商議,不需要彼此比較,也不需要預想未來;這些工作法律都幫他們做好了。民眾完全不需要思考,他們不再是擁有自主性的人,他們失去了自己的人格、自由與財產。

諸位可以試著想像,有沒有什麼樣的勞動制度一方面受到強制力的干預,另方面自由權卻完全沒有受到侵害;什麼樣的財產移轉一方面受到強制進行,另方面卻完全不侵害財產權。如果你想不出例證,那麼你不得不同意,法律不可能在強制干預勞動與產業的同時,又能避免不正義。

一名政治理論家經過深入研究,發現社會處處充滿了不

平等。他哀嘆有這麼多同胞受苦，尤其與另一些人奢華富有的生活相比，這種苦難更顯得慘不忍睹。

這名政治理論家或許應該問問自己，這種社會現象是古老的掠奪行為（透過征服）造成的，還是晚近的掠奪行為（透過法律介入）造成的。他應該問問自己，在所有人都想獲得福祉與自我實現的前提下，正義的統治是否能比上帝交付給個人的責任（讓人們各自為自己的美德與惡行造成的結果負責）更能加快進步的腳步，實現更大的平等。

但是政治理論家沒想這麼多。他的腦子只想著計畫安排，從法律上進行專斷的干預。然而他尋求的解決之道只會讓社會的苦難永久持續而且更加惡化。

因為任何法律上的安排，除了保障正義（我們已經提過，保障正義只做消極的要求）之外，幾乎都與掠奪原則有關。

你說：「有人一文不名，生活陷入貧困」，於是你訴諸法律。但法律的資源不是從天而降，它仍需要從社會汲取。想要從國庫撥出一筆錢給某人或某個階級，那麼這筆錢非得從其他階級身上榨取才行。如果規定每個人都從國庫領出他繳交的稅收，那麼這樣的法律並不是掠奪性的，但這對那些一文不名的人來說於事無補；這麼做並不能促進平等。法律

想要做到平等，就必須從某些人那裏拿取一些財富給另一些人，而這就成了掠奪。檢視一下保護關稅、補貼、獲利權、就業權、公共救濟權、教育權、累進稅率、無息貸款與公共工程，你會發現這些都是合法掠奪，只會造成不正義。

你說：「有些人沒有受教育的機會」，於是你訴諸法律。但法律本身並不能提供教育服務。縱觀整個社會，有些人擁有知識，有些人缺乏知識；有些民眾需要學習，有些民眾願意傳授。我們可以做的只有兩件事：要不是讓知識交易自由進行，亦即，讓學習的需要能自願地獲得滿足；就是以強制手段取得必要設備與資金，並且支薪給委派的老師，讓他們去教導那些無力支付學費的人。但後者勢必侵害了自由權與財產權，也就是說，這是一種合法掠奪。

你說：「有人缺乏道德或沒有宗教信仰」，於是你訴諸法律。但法律是一種強制力，說到這裏，還需要我明言將法律引進道德與宗教領域會產生何種暴力與愚蠢的結果嗎？

社會主義者飽食終日，他們閒來無事想出了一連串計畫與努力目標，因而造就了合法掠奪的巨獸。但他們要怎麼做？他們掩蓋了掠奪的本質，巧妙地矇騙眾人的眼睛，甚至打著博愛、團結、組織與協同等誘惑人的旗號自欺欺人。由於我們不對法律做過多的要求，我們只需要法律幫我們維

護正義，因此社會主義認為我們反對博愛、團結、組織與協同，甚至為我們貼上了「個人主義者」的標籤。

然而他們應該知道，我們反對的不是自然形成的組織，而是強制性的組織。

我們反對的不是自由的協會，而是社會主義者強加在我們身上的協會形式。

我們反對的不是自發性的博愛，而是法律規定的博愛。

我們反對的不是神意，而是專斷的團結，這種團結只是不公正地將責任強加在人們身上。

社會主義就像上古時代的政治意識形態一樣，把政府與社會混為一談。這是為什麼每當我們不希望政府干預時，社會主義者總是認為我們不想進行這些事情。我們反對國家介入教育，社會主義者就說我們反對教育。我們反對國家介入宗教，社會主義者就說我們反對一切宗教。我們反對國家強加的平等，社會主義者就說我們反對平等。搞不好他們還會指控我們反對大家飲食，因為我們反對國家栽種作物。

政治界不知從何時開始產生了這種古怪的想法，居然要法律產生法律本身並不具有的事物，例如積極地提供財富、知識與宗教。

現代政治理論家，尤其是社會主義學派，他們提出的各

種學說全立基於一項共同的假說，這項假說顯然是人類有史以來最古怪、最高傲的說法。

他們把人類分成兩種。普通人是第一種，除了他們自己之外，所有人都屬於這個群體；政治理論家自己則是第二種，而且是從古至今最重要的群體。

事實上，政治理論家一開始就假定人類的天性既無動機又無判斷力；缺乏進取精神；受制於惰性，行事被動，毫無自發性，頂多像是對自己的存在毫無意識的植物，容易受外在意志與手段的操弄，並且在聽任外界安排下會呈現出無數對稱的、藝術的與完美的形式。

接下來，政治理論家隨即表示自己——頂著組織者、發現者、立法者與創立者的頭銜——就是外在的意志與手段，是世界的推動者，是創造的力量，他們的崇高任務就是把一盤散沙的物質（也就是民眾）重新組合成社會。

根據這項假定，政治理論家就像修剪草木造型的師傅一樣，根據自己的奇想，將樹木修剪成金字塔、陽傘、立方體、圓錐體、花瓶、樹籬、捲線桿與扇形物。每一名社會主義者也根據自己的怪點子將窮人聚集成群體、系列、中心、次中心、細胞、社會工作坊、和諧化、對比化等等。

正如園藝家需要斧頭、鋸子、鐮刀、剪刀來修整樹木，

獨斷計畫學派的支持者也需要力量來組織社會，而這股力量他們只能從法律中尋找：關稅法、稅法、救濟法與教育法。

事實上，這些社會主義者把人類當成原料，認為經過塑形之後人類可以適應各種社會模式。就算他們不確定這些安排是否真能成功，他們也會主張至少有部分人類可以當成「實驗的原料」。我們知道「制度實驗」在社會主義圈子裏非常流行，有一位社會主義領袖曾經認真向制憲議會要求，希望撥給他一塊地方行政區，讓他針對當地居民從事制度實驗。

因此，這就好像發明家在建造大型機器之前，先試造一部小型機器試行運轉，或化學家犧牲幾錠試劑，或農夫犧牲一點種子試種，完全只是為了試驗新觀念能不能成功。

園丁與樹木、發明家與機器、化學家與試劑、農夫與種子，這些實驗者與被試驗者分屬不同的事物。但社會主義者居然認真地以為自己與那些接受實驗的居民也分屬兩種不同的事物。

十九世紀的政治理論家認為社會是立法者才華的展現，是他們的創造物，對於這種說法我們毋需感到驚訝。

在古典教育的影響下，這種觀念一直支配著我國的思想家與偉大作家。

他們把人類與立法者的關係看成是陶土與陶匠的關係。

此外，就算他們勉為其難地同意人性是積極主動的，而人的智性是具有判斷能力的，他們也認為上帝賦予的這種天賦是有害的，而人類在這兩種驅力的影響下，不可避免將走向墮落。事實上，他們認為如果任由人類發展這些傾向，那麼原本虔信的人最後會變成無神論者；就算施予教育，也會變得無知無識；從事勞動與貿易，也會淪為貧窮。

幸運的是，根據這些理論家的說法，有少數人——統治者與立法者——擁有的天賦可以抵銷這些傾向，不僅有利於自己，還能造福大眾。

雖然人類有為惡的傾向，他們也有為善的傾向；人類有走向黑暗的傾向，也有走向光明的傾向；人類容易被惡吸引，也容易被善吸引。在這項假定下，統治者與立法者尋求強制的方式，硬性地以自己的傾向取代大部分人類的傾向。

我們只需隨意翻覽哲學、政治或歷史書籍，便可發現這種觀念——古典學問的子嗣、社會主義的母親——對我國的影響有多深。人們普遍相信人類充滿惰性，只能仰賴政府權力之賜才能獲取生活、組織、道德與財富；或者事實上，更糟的是，人類本身有墮落的傾向，只有藉由立法者的神祕之手才能遏止人類繼續從墮落的斜坡滑落。傳統的古典思想告

訴我們，被動的社會裏總有一個充滿奧祕的力量——頂著法律或立法者之名，或者是其他更現成而含糊的表達方式——驅策、鼓動、豐富與教化著民眾。

波修埃

讓我引用一段波修埃（Bossuet）的話：

他們〔誰？〕讓埃及人的心靈充斥著對國家的愛……這對國家「不見得」沒用；法律讓每個人各司其職，而職業採世襲制。一個人不能有兩份工作，也不能改變自己的職業……但唯有一項工作是每個人都「必須」從事的，那就是對法律與智慧的鑽研。無論如何，不通曉宗教與國家法規是不被允許的。此外，每個職業都有分配好〔誰來分配？〕的專屬區域……針對各種良法，最好的地方在於會有人〔誰？〕教導每一位民眾遵守法律……這些鑽研科學之人讓埃及充滿各種不可思議的發明，埃及人因此不知道還有什麼能讓生活更安和樂利。

因此，根據波修埃的說法，人類本身是無法產生以下事物的：愛國心、財富、產業、智慧、發明、農業、科學

——這些全來自於法律或國王的施予。民眾能做的就是「好好地接受這些事物」。狄奧德羅斯（Diodorus）❿曾指控埃及人拒絕接受摔角與音樂，但波修埃指責他的說法。他表示，這怎麼可能呢？這些技藝明明是特里斯梅基斯托斯（Trismegistus）⓫發明的。

波修埃對波斯人的說法也是如此：

「君王」第一項任務就是讓農業興盛……這裏有一些供軍隊屯駐的哨站，也有一些用來監督農業生產的崗哨……波斯臣民心中「激起」的對王室權威的尊敬，遠非言語所能形容。

希臘人雖然非常聰明，卻跟馬與狗一樣無法掌握自己的命運，他們甚至不敢在最簡單的比賽上放手一搏。古典思想總是認為人類的一切來自外在，而非內在。

希臘人稟性聰明而富於勇氣，但在早期他們卻「受教於」從埃及派來的國王與殖民者。從那時起希臘人才學

❿ 譯注：西元前一世紀的古希臘歷史學家。他的《歷史叢書》（*Bibliotheca historica*）卷一介紹了古埃及的歷史。
⓫ 譯注：希臘化時代的埃及神祇，融合了希臘神 Hermes 與埃及神 Thorth，象徵文字與巫術的力量。

會運動競技、「賽跑」、賽馬與戰車競速……但埃及人
教給他們的最好事物首推溫順，希臘人從此可以在法律
規範下追求公共的利益。

費內隆 ⓬

費內隆的學習過程深受古典學問的薰陶，而且親眼目
睹法王路易十四的權力，他因此不可避免地接受了人性被
動的觀念，相信人的不幸與富足、美德與邪惡都是法律或
立法者的外在影響造成的。因此，他在小說《特勒馬克》
（*Télémaque*）中描述的理想國薩倫圖姆（Salentum），就讓
人類的興趣、能力、欲望與財產全接受立法者的絕對指示。
無論在什麼情況下，居民絕不自己下判斷；所有的判斷都交
由君主來決定。國家就像一個無定形的事物，君主是這件事
物的靈魂。君主擁有一切的思想、遠見、組織原則與發展計
畫，因此君主要負起一切的責任。

為了證明上述觀點，我將引用費內隆的《特勒馬克》第

⓬ 譯注：費內隆（Franşois Fénelon, 1651-1715）是法國羅馬天主教大
主教、神學家與詩人。他對於法國絕對王權其實頗有微詞。

十卷的內容。我向讀者介紹這本書，不過我只打算隨意引用這本名著裏的幾個段落，我想不管從哪個方面來看，我都是第一個持平看待這本書的人。

費內隆對一些說法的輕信令人驚訝，不過這是許多古典學問支持者的通病。費內隆無視於理性的權威與歷史的事實，他一面倒地相信埃及人普遍是幸福的，而他認為這種幸福的根源並非來自埃及人自身的智慧，而是來自他們的國王。

> 凡是注視著尼羅河兩岸的人，不可能沒看到上面的繁華城市，愜意的鄉村房舍，原野上每年帶來金黃色的收成，沒有一塊土地是荒蕪的；草地上滿是牲口；農人低頭收割豐碩的農作，這是大地為他們生產的果實；牧地上迴盪著牧人的笛聲，既甜蜜又閒適。年輕王子的導師說道：「明智的國王統治下的子民是幸福的。」

> 接下來，導師（Mentor）讓我仔細端詳埃及全境歌舞昇平的景象，細細數來一共有兩萬兩千座城市；卓越的市政管理；協助窮人「對抗」富人的司法機構；兒童接受良好的教育，使他們懂得服從、勞動、冷靜、熱愛藝術與文學；謹守宗教的各項儀節；每個父親都要教導孩

子無私、重視榮譽、對人忠實與敬畏神明。導師對於眼前這幅太平景象讚不絕口。他告訴我：「讓明智的國王以這種方式統治的子民是幸福的。」

費內隆描寫克里特島（Crete）的田園詩更是誘人。他藉著導師之口說道：

你在這座美好的島嶼上看到的景象，正是米諾斯（Minos）❸法律的成果。在他的命令下，教育令孩子們身體健康而強壯。「法律」使克里特人從小習慣簡單、儉樸而勤奮的生活；「法律」認為感官的逸樂削弱了身體與心智；「法律」提供給他們的唯一愉悅就是堅守美德與爭取榮譽……在這裏，「法律」懲罰三種邪惡，這是其他民族所沒有的：知恩不報、華而不實與貪婪。「法律」從不禁止奢華與舒適的生活，因為克里特島沒有這種東西……「法律」不允許昂貴的傢俱、鋪張的服飾、奢靡的宴席與鍍金的宮殿。

於是，導師讓年輕的王子在研缽裏磨粉，讓他抱持最博

---

❸ 譯注：根據希臘神話，米諾斯是宙斯的兒子，也是克里特島的國王。

愛的動機巧妙治理伊瑟加島（Ithaca）的人民。而為了堅定
王子的信念，導師也引用薩倫圖姆做為例證。

　　我們最初的政治理念就是這樣形成的。我們被教導要像
歐利維耶・德・塞勒斯（Olivier de Serres）❹教導農民處理與
混合土壤一樣地看待人類。

孟德斯鳩 ❺

　　讓我們看看孟德斯鳩怎麼說：

　　為了維持商業精神，所有的法律必須有利於商業發
展。法律條款必須因應商業的增加而將財富成比例地分
配給民眾，使每個貧窮民眾有能力與其他人一樣地工
作，使每個富有的民眾獲得適度的財富，讓他們仍有必
要繼續工作來維持或改善自己的生活……

法律是以這種方式來處分所有的財富。

---

❹ 譯注：塞勒斯（1539-1619）是法國知名土壤學家。
❺ 譯注：孟德斯鳩（Montesquieu, 1689-1755）是法國啟蒙思想家，提
　出了三權分立原則。

　　雖然均富是民主國家的核心本質，但要完全做到這點不僅極為困難，也不合實際。比較務實的做法是減少或固定貧富差距在一定的限度內，然後再制定特定的法律讓財富平等化，也就是說，針對難以消弭的貧富差距，只能讓富者多繳點稅，讓貧者能領到救濟金……

這裏再次提到必須透過法律與強制力，讓財富趨於平等。

　　希臘有兩種共和國。有些是軍事型的共和國，如斯巴達（Sparta）；有些是商業型的共和國，如雅典（Athens）。前者「希望」民眾能無所事事；後者則「試圖」灌輸民眾熱愛勞動的精神。

　　我要請讀者特別留意這些立法者展現出來的驚人才智：藉由大膽反抗所有既成風俗，並且混淆一切美德，這些立法者向世界彰顯了「他們的智慧」。萊克格斯（Lycurgus）❶結合偷盜與正義精神、嚴厲的奴隸制度與極度的自由、最殘暴的情感與最大的節制，為他的城市帶來穩定。他似乎壟斷了城市所有的資源、技藝、商

---

❶ 譯注：萊克格斯是斯巴達國王與立法者。

業、金錢與防衛武力；在斯巴達，人們有野心，但無法
期望生活過得更好；城市存在著自然情感，但沒有人像
個孩子、丈夫或父親；就連貞潔也不再視為值得尊敬之
物。這就是斯巴達邁向偉大與榮耀的方式……

　　古希臘的這種不凡表率也在「墮落與腐敗的現代」出
現。一名立法者，同時也是一名正直人士，他形成了一
個民族，誠實對這個民族來說就像勇敢對斯巴達人而言
一樣自然。佩恩先生（Mr. Penn）❶是不折不扣的萊克
格斯，只不過前者以和平為目標，後者則是以戰爭為目
的，他們的相似之處在於他們都領導「自己的」人民，
他們都對自由人士造成影響，他們不僅克服自己的偏
見，也壓抑自己的熱情。

　　巴拉圭（Paraguay）可以提供我們另一個例子。把統
治的愉悅視為人生唯一的樂事，這樣他可能會犯下有害
社會的罪行；然而「以這種方式統治人民，讓他們過著
更幸福的生活」，這的確是值得讚揚的事……

---

❶ 譯注：這裏指的可能是威廉・佩恩（William Penn, 1644-1718）。潘
　 恩建立了賓夕法尼亞殖民地，他在當地推行的民主主義措施，對日
　 後美國的獨立有一定影響。

希望擁有類似的制度的人，可能會想建立一個財產共有的政權，就像柏拉圖（Plato）的理想國一樣。而在這個國度裏，他會要求民眾尊崇神明；為了讓民風永保醇厚，他會要求當地人與異邦人不得混居；商業一律國營，民眾不許私自經商。這樣的國度可以提供技藝，但不提供奢侈品，可以滿足需求，卻不能滿足欲望。

群眾不加思索，只是狂熱地高喊：「這是孟德斯鳩說的，所以這絕對是精采的觀點！是崇高的見解！」我必須基於自己的信念，鼓起勇氣毫不畏懼地說：

什麼！你們居然有臉說孟德斯鳩說得好！

他的看法是可怕的！可憎的！而這些引文（我還可以引更多）顯示，根據孟德斯鳩的說法，民眾的人身、自由與財產，連同所有的人類，都只是立法者用來彰顯自身睿智的素材罷了。

盧梭

雖然這位政治理論家，同時也是民主派的最高權威，將

社會的架構建立在「一般意志」（general will）❶❽之上，但他比任何人都更徹底相信這項假說：人類是完全被動的，必須完全聽任立法者的擺布。

如果偉大的君主世間少有，那麼我們該怎麼形容偉大的立法者呢？前者其實只是遵循後者建立的模式行事。「後者發明了機器；前者只是打開機器開關，讓機器運轉的操作員。」

那麼芸芸眾生又是什麼？他們是被開啟運轉的機器，還是製造機器的原料？

因此，立法者與君主的關係，就好像農藝學家與農民的關係，而君主與臣民的關係，就如同農民與土壤的關係。那麼，政治理論家到底比一般民眾崇高多少？畢竟他統治了立法者，而且還用命令式的口氣教導他們該做什麼。

你想為國家帶來穩定嗎？盡可能縮小國內的極端。不能讓人民太富有，也不能讓他們淪為乞丐。

土壤過於貧瘠、收成太少，或者是國家太小無法養活

---

❶❽ 譯注：指全體人民的欲望與利益。

人口？那麼就「轉而」發展工業與技術，製造各項產品來換取國內缺乏的糧食……土壤肥沃，但人口「缺乏」？那麼就把發展重點放在農業上面，這麼做可以增加人口，在此同時也要「禁絕」工業技術，因為這只會減少人口……如果你擁有綿長而易於出入的沿海地帶，那麼就大舉造船，讓你的船隻「覆蓋整個海面」，你可以擁有一段短暫輝煌的時光。你的外海是否布滿礁石，船隻難以靠近？那麼就「繼續當個野蠻人」或者以捕魚為生；你可以過著太平日子，或許還會比當個航海家來得自在快樂。簡言之，除了考慮一般通行的做法，每個國家都應該因地制宜，按照自身特殊的環境制定符合國情的法律。因此，過去的希伯來人與晚近的阿拉伯人以宗教做為他們主要的發展目標；雅典人是文學；迦太基（Carthage）與泰爾（Tyre）是商業；羅得島（Rhodes）是航海；斯巴達是戰爭；而羅馬是美德。《論法的精神》（*The Spirit of the Laws*）作者❶❾提到，「立法者可以透過各種方式教育出各種發展目標……」但是，如果立法者搞錯目標，採取的原則與國情不同，例如立法者想採取

---

❶❾ 譯注：即孟德斯鳩。

奴隸制度，但他的人民卻崇尚自由；一方傾向財富，另一方傾向人口；一方支持和平，另一方愛好征服；若是如此，法律將逐漸遭到忽視，憲法的根基將遭到削弱，而國家將陷入動盪不安，直到國家滅亡或改弦易轍，或者直到不可抵禦的大自然再度掌控全局為止。

然而，如果大自然是如此勢不可擋，最後終將「再度掌控」，那麼盧梭為什麼不乾脆承認，其實一開始根本不需要立法者「掌控」一切？為什麼盧梭不承認，人類靠著自己的意志，在土壤肥沃時自然會「選擇」農業；在海岸線綿長而易於出入時，自然會「選擇」商業；他們根本不需要萊克格斯或梭倫（Solon）❷ 或盧梭，因為「這些人非常可能出錯」。

無論如何，我們看到盧梭加諸多麼恐怖的責任在發明家、建立者、領導者、立法者與社會的操控者身上。而他也因此對這些人提出極高的要求。

敢於承擔建國重任之人，理應認為自己能改變人性，或者說，能將原本完整而獨立的個人轉變成整體的一部分，使個人的生命與存在依附於整體；能改變人的構成

❷ 譯注：雅典的政治家與立法者。

內容，使其更為堅強；能以部分而道德的存在取代我們從自然中得來的有形而獨立的存在。簡言之，他必須能剝奪一個人原有的力量，然後賦予他原本不具備的力量……

可憐的人類！看看盧梭的追隨者把你的尊嚴糟蹋成什麼樣子？

雷納爾 ❷

氣候，也就是空氣與土壤，構成立法者的主要指導原則。「他的」資源決定他的責任。他首先必須思考「自己的」所在位置。濱海民族擁有與航海有關的法律……如果民族居住的地點位於內陸，則立法者必須考慮土壤的類型與肥度……

立法者的智慧尤其展現在財產的分配上。一般而言，世上所有國家在建立殖民地時，必須將土地分配給每一個人，亦即，足以讓每個人養活家人的面積……

---

❷ 譯注：雷納爾（Guillaume Raynal, 1713-1786）是啟蒙時代的法國作家。

「你打算」把一批孩子送到無人島上建立殖民地，「你」只需要任他們的理性自由發展，那麼真理的種子就能成長茁壯……但是，當你把成年人移往新國家時，這些人身上那些無法根除或改正的老毛病與風俗習慣，你也只能聽其自便。如果你不希望他們的老毛病或壞習慣傳承給下一代，那麼「你」必須把他們的孩子送進教材統一的公立學校就讀，才能避免第二代受到上一代的沾染。君主與立法者在建立殖民地時，必須派遣睿智的人才一同前往，以教育年輕的下一代……在新殖民地，立法者想「移風易俗」必須運用一切可能的手段設施。如果立法者擁有才能與美德，再加上手中擁有「可自由處分」的土地與人口，不難想見他必能構思出一套社會計畫。至於空想的作家只能以含糊的方式，根據不穩定的假設來描繪心中的理想國度，然而實際的環境千變萬化，幾乎不可能預見與結合……

這聽起來不就像是我們正在聆聽一位農業教授對著他的學生講課嗎？氣候才是農民的指導原則吧。他的資源決定他的責任。他首先必須思考「自己的」位置。如果遇到土質類似黏土的土壤，他必須用如此這般的方式耕作。如果土壤含

沙量大，那麼他必須用另一種方式耕作。想清理與改良土地的農夫，必須運用一切可得的手段。如果農民擁有能力，加上「手邊」的肥料，必能激勵他想出一套耕作計畫。反觀沒有耕作能力也沒有工具的教授，只能以含糊的方式，根據不穩定的假設來擬定耕作流程，然而實際的狀況千變萬化，不可能事先設想與結合。

然而崇高的作家們有時還是會仁慈而紆尊降貴地記得你親身處理過的黏土、砂石與堆肥，畢竟他們也是人，跟你一樣是聰明而自由的生物，上帝也賦予他們跟你相同的觀看、計畫、思索與獨立判斷的能力！

馬布里（Mably）[22]

他想像有一個國家，這個國家的法律隨著時間演進而逐漸作廢，而國家的安全也遭到忽視。他這麼說：

> 在這種狀況下，人們必須承認這個政府的發條已經鬆弛……「把它們上緊一點」〔這是馬布里向讀者說話的

---

[22] 譯注：馬布里（Gabriel Bonnot de Mably, 1709-1785）是法國哲學家與政治人物，他的思想開啟了日後的共產主義，主張廢除私有財產制。

語氣〕，那麼這些問題就能迎刃而解……對於錯誤少點責罰，對於「你需要」的美德多點鼓勵。透過這種方法，你可以讓「你的共和國」恢復青春活力。因為大家不知道這些自由的民族已經失去積極主動的能力！如果疾病的發展已經無法用尋常的方式有效加以治療，那麼就應該「採取」非常的治理方式，此時統治的力道必須加大，但時間不可過長。在這段非常時期，必須設法讓民眾的想像活躍起來……

馬布里的二十卷作品，說話都是這種語氣。

曾經有這麼一段時期，在古典教育的影響下，人人都以為自己可以自外於人類或以高於人類的角度來觀看社會，並且發表如何管理、組織與教育人類的言論。

孔帝雅克（Condillac）❷

大人，請依照萊克格斯或梭倫的模式行事。在繼續讀

---

❷ 譯注：孔帝雅克（Étienne Bonnot de Condillac, 1715-1780）是法國哲學家，也是前述馬布里之弟。他在經濟上傾向於重農學派，也就是認為土地是國家的財富來源。

下去之前，先想像一下把法律帶到美洲或非洲的野蠻部落會如何，以此自娛一番。將這些游牧民族安頓在固定的地點；教導他們豢養牲口；⋯⋯試著喚醒大自然深植於他們內心的社會性⋯⋯命令他們履行人類應盡的責任⋯⋯以懲罰來約束縱情聲色；你將看見這些蠻族在你的法律箝制下，開始趨善避惡。

每個國家都有法律，但只有極少數國家的人民感到幸福。何以如此？因為立法者總是未能察覺，社會的目標在於以共通的利益結合所有的家庭。

法律的不偏不倚主要表現在兩件事上：使民眾在財富與尊嚴上獲得平等⋯⋯如果法律能促進平等，法律就越能受到民眾重視⋯⋯如果任由邪惡、野心、縱情聲色、懶惰、閒散、嫉妒、仇恨或猜忌破壞民眾的財富與尊嚴平等，那麼民眾怎麼可能相信法律有維護平等的決心？〔以下是牧歌般的描述。〕

你得知的有關斯巴達共和國的一切，應能幫助你解答這個問題。沒有任何國家的法律能像斯巴達的法律一樣，與大自然或平等的秩序完全一致。❷❹

---

❷❹ 在〈學位與社會主義〉（Academic Degrees and Socialism）一文中

　　十七與十八世紀認為人類充滿惰性，只能等候偉大的君主、立法者與天才給予他們一切，包括形式、形體、動力、運動與生命。這種想法並不令人意外。這兩個世紀深受上古思想薰陶，而上古思想提供給我們的，事實上都是來自埃及、波斯、希臘與羅馬的政治狀態，亦即，極少數人隨心所欲地操弄民眾，以武力或詐欺將群眾當成奴隸來役使。這證明了什麼？因為人類與社會具備改進的能力，因此人類在最早的歷史時期必然存在較多的錯誤、無知、專制主義、奴隸制度與迷信。我引用的這些作者的錯誤之處，不在於他們提出上古時代的歷史事實，而在於他們把這些歷史事實當成值得讚美的模範與後代子孫應該學習效法的對象。他們錯在——在毫無批判性的判斷下，盲目地相信「傳統至上」的幼稚觀念——接受了不可接受之事，亦即，誤以為上古世界專制獨斷的社會是偉大的、有尊嚴的、有道德的與富足繁榮的。他們不了解啟蒙的產生與散布是在時光中累積而成，而在獲得啟蒙之後，人們的權利就不再需要以權力加以維持，而社會也能重新取得自我治理的能力。

（即《政治經濟學選集》第九章），巴斯夏引用了一連串類似的說法，顯示相同的錯誤從過去到現在不斷重複著。——法文版編者注

　　事實上，我們今日在世界事務上目睹的是何種政治趨勢？我們看到的是所有國家出於本能爭取自身的自由。❷那麼，什麼是自由？光是自由之名就足以攪動群眾的心靈，令整個世界為之搖撼，但我們所說的自由其實是許多自由的集合——良心自由、教育自由、結社自由、出版自由、遷徙自由、勞動自由、交易自由；換言之，自由就是每個人以和平的方式發揮自身能力的自由；再用別的話來說，自由就是打破一切的專制形式，包括合法的專制制度，反對對法律之核

---

❷一個國家是否幸福，其必要條件在於構成國家的個人是否具有遠見與審慎的心態，是否能在安全受到保障的狀況下信任他人。

　　這些特質的產生來自於經驗。人們因為沒有遠見而受害，因而學會未雨綢繆；因魯莽而受罰，因而學會三思而後行等等。自由一開始總是伴隨著過度放縱而產生的惡果。

　　有鑑於此，人們開始要求自由應受到限制。他們說：「由國家替民眾未雨綢繆與審慎決定。」

　　對此，我提出以下問題：

1. 這是可能的嗎？無法累積經驗的國家最後會成為有經驗的國家？
2. 無論如何，限制人民自由難道不會從一開始就限制了經驗的成長？如果以強制的方式要求人們從事特定行為，那麼民眾如何從行動的結果中學到教訓？民眾是否將永遠在國家的監護下生活？

　　對一切事務下指令的國家，最終必須對一切事務負責。

　　如此一來，革命的種子將層出不窮地產生，因為民眾處處受到限制，不僅覺得自己無從發展，經驗也無從提升，因此只有走上革命一途。〔摘自作者的手稿〕

心理性功能——亦即個人行使正當防衛的權利，以及反對不公正的權利——施加限制。

人類追尋自由的傾向，我們必須承認，在我國受到極大的阻礙。這股反對力量來自於政治理論家的可悲思潮，他們受到古典教育的荼毒，以為自己可以自外於人類，以超然的角度隨心所欲地安排、組織與教育人類。

正當社會努力爭取自由之際，自認為位居社會頂端的偉大人物——他們的腦子充滿十七、十八世紀的原則——卻只想著以博愛專制主義獨斷的社會秩序觀點來限制社會，並且要社會溫順地揹上——用盧梭的話來說——他們想像的公共福利之軛。

這在一七八九年特別明顯。舊體制剛被摧毀，法國大革命的領袖們就迫不及待地將一己獨斷的安排強加於新社會之上，而這些領導人物的前提都是一樣的：法律萬能。

我們來看看當時的政治人物是怎麼說的。

聖朱斯特（Saint-Just）㉖

立法者的手中掌握著未來。由他來「追求人類的善」。他「要人類變成什麼樣」，人類就會變成什麼樣。

羅伯斯比爾（Robespierre）㉗

政府的功能在於指揮國家的物質與道德力量，以實現國家成立的目的。

比尤瓦倫（Billaud-Varenne）㉘

需要恢復自由的民族，「必須」重新塑造。因為舊偏

㉖ 譯注：聖朱斯特（Louis Antoine Léon de Saint-Just, 1767-1797）是法國大革命時期的政治人物。他是羅伯斯比爾的得力助手，組織公安委員會，施行恐怖政治，後來被送上斷頭臺。

㉗ 譯注：羅伯斯比爾（Maximilien François Marie Isidore de Robespierre, 1758-1794）是法國大革命時期的政治人物，後來成為獨裁者，大量屠殺反對派。

㉘ 譯注：比尤瓦倫（Jacques Nicolas Billaud-Varenne, 1756-1819）是法國大革命時期的政治人物，先是支持羅伯斯比爾的恐怖政治，而後

見「必須」摧毀，舊風俗必須改變，墮落的傾向必須糾正，過多的需要必須限制，根深柢固的邪惡必須連根拔起；我們需要的是強有力的行動與暴力的衝動⋯⋯國民們，斯巴達萊克格斯堅定的刻苦精神為共和國奠定不可動搖的基礎；梭倫軟弱而輕信的性格使雅典人淪為奴隸。這項對比就是政治學的全部。

勒佩爾提耶（Lepéletier）㉙

眼看人類墮落到這種程度，我認為有必要進行一次徹底的改造，用我自己的話來說，就是創造一個全新的民族。

諸位看到了，人類不過就是個原料。人類無法「追求善」；他們沒有這個能力；聖朱斯特表示，只有立法者才有這個能力。他（立法者）要人類變成什麼樣，人類就會變成什麼樣。

轉為反對。
㉙ 譯注：勒佩爾提耶（Louis-Michel Lepéletier, 1760-1793）是法國大革命時期政治人物，支持將法王路易十六送上斷頭臺。

　　羅伯斯比爾完全承襲盧梭的見解，認為立法者首先要「決定國家的目標」。因此，政府唯一要做的就是指揮所有「物質與道德力量」來實現國家的目標。國家本身一直是被動的，比尤瓦倫告訴我們，國家的偏見、風俗、傾向與需求全要經過立法者的授權。他甚至推演出極端的結論，認為某個人堅定的刻苦精神是共和國的基礎。

　　我們已經看到，當邪惡的力量如此強大，以致於尋常的統治方式已無法矯治它時，馬布里提議以獨裁制度來促進美德。他說：「採取非常的治理方式，此時統治的力道必須加大，但時間不可過長。在這段非常時期，必須設法讓民眾的想像活躍起來。」

　　這種學說並未遭到遺忘。我們不妨聽聽羅伯斯比爾的說詞：

　　　　共和政府的原則是美德，而建立美德需要的手段是恐怖。我們希望在我們的國家裏，以道德取代自私，以誠實取代榮譽，以原則取代風俗，以責任取代禮教，以理性的統治取代上流社會的暴政，以輕視邪惡取代輕視不幸，以自豪取代傲慢，以靈魂的偉大取代虛榮，以追求榮耀取代追求金錢，以好民族取代好社會，以事功取代

陰謀，以大智慧取代小聰明，以真理取代賣弄，以幸福
的吸引力取代聲色犬馬的無聊，以小人物的偉大取代大
人物的渺小，以高尚、偉大、幸福的民族取代一味和
善、鑽牛角尖、悲慘的民族；也就是說，以共和國所有
的美德與奇蹟取代君主國所有的邪惡與愚蠢。

羅伯斯比爾還真以為自己可以騎在全人類頭上！大家可
以留意他的傲慢口氣。他不只表現出想全面改造人類心靈的
意圖，他也不認為常規的政府可以實現他的理想。不，他想
做的已遠超過他的能耐，而他使用的手段是恐怖。羅伯斯比
爾在演說中費力寫下一大堆幼稚的對立詞，為的是宣揚「用
來指導革命政府的道德原則」。我們要留意，當羅伯斯比爾
要求獨裁統治時，他的用意不只是為了對抗外力入侵或弭平
內部派系，而是為了以恐怖手段推動比憲法更優位的道德
原則。他要求的不外乎這樣一個權威：能以恐怖手段將「自
私」、「榮譽」、「風俗」、「禮教」、「上流社會」、「虛榮」、
「追求金錢」、「好社會」、「陰謀」、「小聰明」、「聲色犬馬」
與「貧困」逐出法國。必須等到羅伯斯比爾實現這些「奇
蹟」（他這個詞用的倒是相當正確）之後，他才允許法律重
新取得主導地位。噢，你們這些可憐蟲！你們這些自以為偉

大的傢伙！你們這些視人命如草芥的政客！你們想改革一切！先改革你們自己吧！光這件事就夠你們忙的了。

此外，一般來說，這些卓越的改革者、立法者與政治理論家並不要求直接對民眾進行專制統治。不，他們是如此的節制而博愛，怎麼會做這樣的事。他們只要求法律的專制主義、絕對主義與萬能。他們想做的就只有一項：制定法律。

為了說明這種奇怪的特質在法國知識份子之間有多普遍，照理說我應該完整引用馬布里、雷納爾、盧梭與費內隆的全部作品，以及波修埃與孟德斯鳩的長篇摘錄，此外，還必須逐字援引國民公會（Convention）❸⓪的會議發言紀錄才行。但我實在不想做這些事，因此只能請讀者自行參閱相關文獻。

這種由立法者決定國家目標的觀念，特別適合拿破崙的需要，這點並不令人驚訝。拿破崙熱情地擁抱這個觀念，並且努力地加以實踐。他把自己當成是一名化學家，把整個歐洲當成自己實驗的材料。然而不久，歐洲這塊材料證明是一

---

❸⓪ 譯注：國民公會（National Convention）是法國的立法機關，存在於法國大革命期間，從一七九二年九月到一七九五年十月。其間出現了雅各賓派的恐怖統治時期。

錠效果強烈的試劑。拿破崙最後被流放到聖赫勒拿島（St. Helena），他終於省悟並且承認人民確實具有積極進取的一面，而他也不像過去那麼仇視自由。然而，這仍舊無法阻止拿破崙在遺囑中對他的兒子耳提面命：「統治就是提倡道德、教育與福利。」

最後，我是否有必要審慎地援引作品，來顯示莫瑞里（Morelly）❸、巴貝夫（Babeuf）❸、歐文（Owen）❸、聖西門與傅立葉的學說來源？但限於篇幅，我想我還是只援引布隆（Louis Blanc）❸討論勞動組織的相關文字給讀者：

「在我們的計畫裏，社會的原動力是政府。」

政府賦予社會的原動力是由什麼構成的？答案是，這股

---

❸ 譯注：莫瑞里（Morelly, 1717-?）是法國烏托邦主義者，他雖不反對私有財產制，但反對超越個人生活所需的私有財產制，此外，他也反對私人間的貿易活動。

❸ 譯注：巴貝夫（François-Noël Babeuf, 1760-1797）是法國大革命時期的社會活動份子，對超越個人所需的私有財產制多所批評，強調財富均等。曾密謀推翻法國督政府，最後事機敗露被捕，遭到處死。

❸ 譯注：歐文（Robert Owen, 1771-1858）是英國社會改革者，致力於改善工人工作環境。

❸ 譯注：路易·布隆（1811-1882）是法國第二共和時期的社會主義者，他針對工人失業問題主張由國家設立工作坊讓每個工人都有工作。

原動力的成因來自於布隆先生的「計畫」。

從另一個角度來看，社會就是人類，不多也不少。

因此，根據定義，人類是從布隆先生的計畫獲得原動力。

有人說，人類可以自由去做自己想做的事。的確，人類可以自由遵循任何人的「建議」，這點無庸置疑。但這不是布隆先生口中所謂的計畫。他打算讓自己的計畫轉變成「法律」，藉此經由權力的行使而強制地加諸在人類身上。

> 在我們的計畫裏，國家只是給予勞動一套法律〔請多多包涵〕，憑藉這套法律，產業活動可以而且必須「完全自由地」實行。〔國家〕只是把社會置於下降的斜坡上〔如此而已〕，因此社會的下滑只是單憑環境的力量以及「既有機制」的自然運轉。

但是，這個下降的斜坡是什麼？這是布隆先生規定的東西。它不會讓人墜入深淵嗎？不，它通往幸福。那麼，社會為什麼不能自發性地將自己置於這個斜坡上？因為社會不知道自己要什麼，而且社會需要「原動力」。誰能賦予社會原動力？答案是政府。而誰能給予政府原動力？機制的發明者，布隆先生。

我們永遠無法擺脫這個惡性循環——人類是被動的，偉人透過法律的干預來推動人類前進。

一旦位於這個下降的斜坡上，社會是否至少能享有一點自由？無疑是可以的。但是，什麼是自由？

讓我們再說一遍：在正義的統治與法律的保護之下，自由不只是被「賦予」的權利，也是人類得以行使與發展自身能力的「權力」。

這不是一項空泛的區別：它的意義是深刻的，它的影響是廣泛的。因為一旦同意人類（為了真正使其自由）必須擁有「權力」行使與發展自身的能力，社會就必須提供每個成員合適的教育與生產工具，沒有前者，人類心靈「無法」發展，少了後者，人類的產業「無法」進行。因此，如果沒有國家的干預，要靠誰的干預才能讓社會給予成員合適的教育與必要的生產工具？

因此，自由就是權力。「權力」的內容是什麼？答案是擁有教育與生產工具。誰要「提供」教育與生產工具？社會，這是社會「應該」做的。透過誰的干預，社會才會提供生產工具給沒有生產工具的人？透過「國家的干預」。國家從誰身上取得教育與生產工具？

　　這個問題要由讀者來回答,看看最後會得出什麼結果。

　　我們這個時代最奇怪的現象之一,而這個現象或許會讓我們的子孫感到吃驚,那就是出現了一種以三重假設為基礎的學說。這三重假設分別是人類基本上是充滿惰性的,法律萬能,與立法者永遠不可能犯錯。這個學說也成為某黨派的神聖象徵,這個黨宣稱光憑它一個黨就足以成立民主。

　　事實上,這個黨也自稱是「社會的」。

　　就這個黨是民主的來說,它對人類倒是有著無限的信任。

　　就這個黨是「社會的」來說,它把人類當成泥巴一樣。

　　如果政治權利受到討論,如果政治問題牽涉到從民眾當中選出一名立法者,喔,那麼,根據布隆先生的說法,民眾充滿了原初智慧;他們被賦予了令人讚美的直覺;「他們的意志總是對的」;「一般意志不會有錯」。選舉權再怎麼普及也不為過。沒有人需要向社會擔保自己有選舉的能力。他的意志與明智選擇的能力被視為理所當然。民眾怎麼可能出錯?我們不是生活在啟蒙時代嗎?難道要讓人民永遠活在受監護的狀態?民眾不是已經充分顯示他們的智能與智慧?他們還不夠成熟嗎?他們不能獨立判斷嗎?他們不知道自己的最佳利益嗎?是否有某人或某階級敢宣稱自己有權取代整個

民族為他們做決定與行動？不不不，人民希望「自由」，而他們也將自由。人民想主導自己的事務，而他們也將做到這一點。

然而一旦選出了立法者，他便捨棄了自己的競選承諾，就連措詞也換了一套！國家再度成為被動、惰性與虛無的東西，立法者再度成為全知全能者。立法者可以提供發明、方向、動力、組織。人類什麼都不用做，只需要接受立法者的安排；專制主義的時代終於來臨。注意，這一切都是不可避免的；不久前是如此開明、道德、完美的民眾，此時卻喪失所有自然傾向，或者說，不管他們做什麼都只會讓他們更墮落。你想讓他們保有一點自由！你難道不知道，根據孔希德隆先生（M. Considérant）❸❺的說法，「自由將不可避免導致壟斷」？你難道不知道，自由意謂著競爭，而根據布隆先生的說法，競爭是「滅絕民眾的體系，是毀滅商人的禍根」？想要找到國家越自由就越接近摧毀與滅亡的證據，我們只消看看瑞士、荷蘭、英格蘭與美國。你難道不知道，同樣還是根據布隆先生的說法，「競爭導致壟斷」，而「基於相同的理

---

❸❺ 譯注：孔希德隆（Victor Prosper Considérant, 1808-1893）是法國烏托邦社會主義者，也是傅立葉的弟子。

由，低成本導致高價格？競爭容易耗盡消費的資源，並且使
生產成為毀滅性的活動？競爭迫使生產增加而消費減少？」
由此得知，自由的民族生產不是為了消費——自由「意謂著
壓迫與瘋狂」，難道布隆先生不該介入撥亂反正嗎？

那麼，民眾還能擁有什麼樣的自由？良心自由？但民眾
將因此成為無神論者。教育自由？但父親會在魯莽下聘請不
當的教師，讓自己的子女學到不道德且錯誤的觀念；此外，
如果我們接受提耶的說法，那麼一旦擁有教育自由，教育將
不是由國家提供，則我們可能教導孩子土耳其人或印度人的
觀念；相反地，幸好我們的大學採取合法的專制主義，所以
我們的學生才能幸運地接受羅馬人的高尚觀念。勞動自由？
這將造成競爭，使所有的產品無人購買，不僅毀滅民眾，也
毀滅商人。自由貿易？但是眾所周知——保護主義者已經
證明了自由貿易是令人作嘔的——自由貿易會導致人類的毀
滅，人們只能在沒有自由的狀況下貿易才能讓自己富足。結
社自由？但是根據社會主義者的教條，自由與結社是互不相
容的，因為他們為了迫使人們結社，非得剝奪人們的自由不
可。

因此，你可以清楚看到，社會民主人士基於他們的良
知，根本不允許人類擁有自由，因為他們認為人類的本性傾

向於墮落與道德淪喪，必須靠這些紳士來改造民眾才行。

　　在這種情況下，令人不解的是，社會民主人士為什麼還要高唱全民普選？

　　社會主義者的要求引發另一項問題，我經常向他們提出這項疑問，而據我所知，他們從未回應這項問題。如果人性本惡，所以人類不該擁有自由，那麼社會主義者的本性又能好到哪裏去？立法者與代議士難道不是人嗎？難道他們相信自己跟其他人的稟賦完全不同？他們說，如果任由社會自行發展，則社會不可避免將走向毀滅，因為社會的本能是邪惡的。他們要求取得權力挽救人類免於從致命的斜坡滑落，並且為人類指點更好的方向。如果上天賜予他們比人類更高的智能與美德，那麼他們應該證明給大家看。他們想當「牧羊人」，希望我們當他們的「羊」。這種安排假定他們的天賦比眾人更優越，我們有權要求他們說清楚講明白，否則根本不用理會這種說法。

　　注意，他們想創造社會秩序、傳播他們的理念、提出他們的建議，並且把自己當成實驗對象，由他們自負風險，這是他們的權利，我沒意見；我有意見的是他們不應該藉由法律（運用警察力量與公共資金）將他們的想法強加在別人頭上。

我要求卡貝主義者（Cabetists）**㊱**、傅立葉主義者、普魯東派人士（Proudhonians）**㊲**、古典主義者與保護主義者聲明放棄他們的共通理念，亦即，他們不應該硬性要求我們接受他們的團體與組織、他們的社會工作坊、他們的無息貸款銀行、他們的希臘羅馬道德、他們的商業限制。我要求他們的是，如果我們發現他們傷害我們的利益或牴觸我們的良知，我們應該有權利批評他們的計畫以及不參與他們的計畫，無論直接或間接。

他們訴諸徵稅與政府的強制力，這種做法不僅造成壓迫與掠奪，也暗示著致命的前提，那就是社會秩序的計畫者不會有錯，除了他們以外，其他的人類都是沒有能力的人。

如果人類無法獨立判斷，這些社會民主人士又怎能要我們推動全民普選？

遺憾的是，這種觀念上的矛盾反映在歷史事實上；當法國人比其他民族更早獲得自己的權利，或者更明確地說，更早獲得自己的政治地位時，他們依然是最容易受統治、受擺

㊱ 譯注：卡貝（Étienne Cabet, 1788-1856）是法國烏托邦社會主義者，曾經帶著一群移民到美國，在當地建立人人平等的公社組織。

㊲ 譯注：普魯東（Pierre-Joseph Proudhon, 1809-1865）是法國無政府主義者。

佈、受指使、被強加各種負擔、受限制與受剝削的民族。

　　法國也是而且必然是最容易爆發革命的國家。

　　一旦我們從這些政治理論家接受的觀念以及布隆先生熱切地以這句「社會的原動力是政府」所表達的想法出發；一旦人們把自己看成是有知覺但被動的人，無法藉由自己的智能與活力在道德與物質上改善自己，凡事只能仰賴法律；簡言之，當人們承認自己與國家的關係如同羊群與牧羊人的關係時，顯然政府將擔負起極為龐大的責任。善與惡、美德與邪妄、平等與不平等、財富與貧困，一切都由國家決定。國家被託付了一切事務，它承擔所有事，從事所有事；因此，國家要對所有的事負責。如果我們過得幸福，國家有權要求我們感謝；但如果我們過得悲慘，國家就要獨自擔負所有的責難。國家難道不會侵害我們的人權與財產權嗎？法律不是萬能的嗎？為了壟斷教育，國家必須滿足每個家長的期望，而每個家長的自由權或多或少會遭到侵害；如果家長的期望遭到欺瞞，這會是誰的錯？為了管制產業，國家必須努力讓產業繁榮，否則剝奪產業自由就成了大笑話，然而一旦產業失敗，誰該為此負責？藉由課徵關稅而破壞了貿易平衡，國家讓貿易得以暢旺；如果弄巧成拙，貿易反而停滯蕭條，誰該為此負責？對造船產業施予保護政策，看起來似乎能讓產

172

業獲利；如果不賺錢呢，這會是誰的錯？

因此，凡是影響國家的惡，政府都要負責解決。這不是很令人震驚嗎？任何微小的不滿，都可能構成革命的火苗！

對此，能提出什麼樣的解決之道？答案是不斷地擴大法律領域，也就是說，不斷地擴大政府的責任範圍。

然而，如果政府試圖提高與管制薪資，卻未能奏效；如果政府試圖資助所有的不幸者，卻未能成功；如果政府想提供工人生產工具，卻辦不到；如果政府承諾讓所有吵著要貸款的人都能獲得無息貸款，但最後卻跳票；如果——我們要遺憾地引用拉馬丁先生說過的話——「國家擔負起啟蒙、發展、增進、加強、昇華與神聖化民眾靈魂的工作」，而最後失敗；難道這還不明顯嗎？在每一次的失望之後（唉，這種事實在太常見），革命的情緒不可避免又被撩撥起來。

回到我們的主題，我要說的是：正是在經濟學與政治學的分界線上 ❸，出現了一個重要問題。這個問題就是：

什麼是法律？法律該是什麼？法律的管轄範圍有多大？法律的限制在哪裏？根據這些問題的答案，我們再來判斷立

---

❸ 政治經濟學優先於政治學。前者研究人類的利益是否能夠和諧還是衝突。後者必須根據前者來建立政府的權力。——作者注

法者能有多少權力。

　　我會毫不猶豫地回答：「法律是用來反對不正義的集體力量。」簡單地說：「法律是正義。」

　　立法者對於我們的人格與財產不具有絕對權力，因為人類的存在先於法律，法律只是在人類周圍提供保障而已。

　　法律不是用來管制我們的良心、觀念、意志、教育、意見、工作、貿易、才能與消遣娛樂的。

　　法律的功能在於防止人們的權利受到其他權利人的妨礙。

　　由於法律擁有強制力來做為必要的懲罰手段，因此法律是以強制力的正當範圍做為其正當範圍，也就是正義。

　　由於每個個人只能在正當防衛時才有權使用武力，因此集體力量做為個人力量的集合，也只能運用在正當防衛上。

　　因此，法律只是先於法律存在的個人行使其正當防衛權利的組織體。

　　法律就是正義。

　　有人認為法律可以基於慈善目的而壓迫民眾或掠奪他們的財產，這種說法是錯的，因為法律的功能就在於保護民眾的人身與財產。

　　有人認為法律若能避免所有的壓迫與掠奪，那麼它至少

滿足了慈善的目的，這種說法也不正確，因為這句話是自我矛盾的。法律不可能不保障我們的人身或財產；如果法律無法保障這兩項權利，那麼光是法律的運作這項事實，乃至於法律的存在本身，都已經侵害了個人自由與財產權。

法律是正義。

這項事實是清楚的、單純的、完整定義的與有區隔的，凡是擁有智能的人都能了解，擁有雙眼的人都能看清，因為正義的數量是明確的、不變的與不可修改的，世上不存在「較多」或「較少」的正義。

如果你逾越了界線，把法律變成宗教、博愛、平等、慈善、產業、文學或藝術，你將立即迷失在模糊與不確定的未知領域裏，或進入到被力量強加的烏托邦中，或者更糟的是，是一群競相爭奪立法權的烏托邦，而這群烏托邦在爭得立法權之後，隨即會將法律強加在你身上；因為博愛與慈善並不像正義一樣涇渭分明。你該在哪裏劃定界線？法律又該在哪裏劃定界線？聖克里克先生（M. de Saint-Cricq）❸曾列出少數幾種產業做為他表現博愛的對象，他要求法律「管制

---

❸ 譯注：聖克里克（Pierre Laurent Barthélemy, Comte de Saint-Cricq, 1772-1854）是法國政治人物，曾任法國皇家海關總監。

消費者，好讓生產者得利」。孔希德隆先生支持工人運動，他要求法律「確保工人能得到最低限度的衣物、住房、糧食與其他生活必需品」。布隆先生認為法律應該提供每個人生產工具與教育設施，他說法律做到這種程度，大體上已跟博愛沒什麼兩樣，他的說法相當正確。還有人認為，這些做法還是無法完全解決不平等的問題，所以法律應該提供奢侈品、文學與藝術到偏遠的村落。一旦到了這種程度，你已經進入「共產主義」階段，或至少立法上是如此，而我們將會看到一個狂野夢想與無可饜足的貪婪彼此爭奪的法律戰場。

　　法律就是正義。

　　如果我們接受這個定義，我們就能構思一個簡單而穩定的政府。如果有人告訴我，從這個定義可以衍生出革命、造反乃至於暴動的觀念，用來推翻那些無所事事只願意把警察力量用在對抗不正義的政府，那麼我會瞧不起這種說法。在這種政府統治下，我們會更加繁榮，而且繁榮的成果會分配得更均平。至於人類生活中不可避免的苦難，人們作夢也想不到要責怪政府，因為政府什麼也不能做，就像它無法決定氣溫一樣。我們會看到有民眾向上訴法院發動暴亂，或闖入治安法庭吵著要最低薪資、無息貸款、生產工具、保護關稅或政府工作坊嗎？不可能。因為民眾知道這些事情不是治安

法官的權責，他們也知道這些事情不屬於司法管轄的範圍。

以博愛原則做為法律的依據，宣稱一切好事與壞事都將由法律來決定，法律將為所有的惡、所有的社會不平等負責。若這麼做，等於埋下了紛爭、憎恨、騷亂與革命的種子。

法律是正義。

法律若不只是正義，那才是一件怪事！正義有什麼不對？權利不是平等的嗎？那麼，根據什麼權利，法律可以要求我接受米梅瑞爾、梅隆（de Melun）❹、提耶或布隆先生計畫的社會秩序，而非讓這些先生接受我的計畫？難道我的天賦無法產生足夠的想像力，使我也能構思出理想的烏托邦？法律難道可以充當這樣的角色，在眾多毫無根據的幻想當中選擇一種，然後讓公共警察的力量為這個幻想服務？

法律是正義。

坊間流傳著這種說法，認為法律是無神論的、個人主義的與無憐憫心的，法律會使人類變得跟它一樣。這是個相當荒謬的推論，卻很適合用來形容那些迷戀大政府的人士，反

---

❹ 譯注：梅隆（Armand de Melun, 1807-1877）是法國政治人物，曾推動限制童工法案，致力於改善工人生活。

正他們把人類看成只是法律創造出來的生物。

　　我們應該自由，是否就表示我們應該停止行動？我們不應該從法律獲取行動的力量，是否就表示我們不應該擁有行動的力量？法律只保障我們有自由發揮能力的機會，是否就表示我們失去了積極發揮能力的動機？法律不將宗教形式、結社模式、教育方法、勞動規則、貿易法規或慈善計畫強加在我們身上，是否就表示我們應該立即投入無神論、孤立、無知、貧困與自私的懷抱，或我們就無法認識到上帝的力量與善，無法參與組織，無法彼此幫助，無法關懷與救助受苦的同胞，無法研究自然的奧祕，無法追求自身的完美？

　　法律是正義。

　　在正義的法律下，遵守正當的原則，獲取自由、安全、穩定與責任感，每個人都能充分實現自己的價值與尊嚴，人類將以冷靜而井然有序的方式——雖然緩慢，但充滿確信——走上進步的歷程。

　　我認為，所有的論據都站在我這一邊；無論什麼問題，我都從理論層面思考，不管是宗教、哲學、政治或經濟；不管它牽涉到福祉、道德、平等、權利、正義、進步、責任、團結、財產、勞動、貿易、資本、薪資、稅捐、人口、信貸還是政府；我的研究無論如何總是從科學的角度出發，而這

些研究最終都能得到相同的結論：社會問題的解決必須仰賴自由。

　　而從實際經驗來看，我的說法也得到支持。縱觀今日世界的情況，哪些國家最幸福、最道德與最和平？就是那些法律介入民間活動最少；政府干預力量最小；個別性獲得最大發展，輿論擁有最大影響；行政組織最不疊床架屋也最不複雜，稅捐最不沉重與最平等，人民鮮少產生不滿，也沒什麼理由不滿；個人與階級的責任心最強烈，而如果流行的道德內容不夠完善，民眾也會努力促使其改善；交易、協商與結社受到最少限制；上帝的思想居於主流；簡言之，就是那些採取的取徑最接近以下解決方式的國家：以平等為前提，一切事物均透過人類自由而可完善的進取心來完成；沒有任何事物是透過法律或強制力（除了普世正義）來實現。

　　我們必須這麼說：這個世界有太多「偉大」人物，立法者、計畫者、社會創立者、國家領導者、開國之父等等。太多人自居於眾人之上，要大家追隨他的步履；太多人想開創與人類有關的事業。

　　人們對我說：你自己也非常關心人類事務，不是嗎？

　　這話說得沒錯。但我必須坦率地說，我關心人類事務的方式與那些偉人完全不同，觀點也完全歧異，如果我成為改

革者的一員，那麼我要做的就是讓改革者的髒手遠離人類。

我關心人類的方式，與沃康松（Vaucanson）❹關心他製造的機器人不同。我比較像是一名關心人類有機體的生理學家：不僅研究它，也對它感到驚歎。

我關心人類的方式，有如一名對眼前景象感到振奮的旅人。

旅人來到一處野蠻部落。一名嬰孩剛剛出生，一群帶著戒指、鉤子與套環的占卜者、巫師與江湖術士全聚到他的身旁。其中一個人說：「如果我不挖大他的鼻孔，這個孩子將永遠聞不到菸斗的味道。」另一個人說：「如果我不把他的耳朵拉長到肩膀，他將永遠失去聽覺。」第三個人說：「如果我不讓他的眼睛斜視的話，他長大就看不見陽光。」第四個人說：「如果我不扳彎他的腿，他永遠站不直。」第五個人說：「如果我不打平他的頭骨，他的腦袋沒辦法想事情。」

「住手！」旅人說：「上帝自有安排。不要自作聰明；既然上帝賦予這個虛弱的小生物各種器官，那麼就讓這些器官透過運動、嘗試、經驗與自由來發展茁壯。」

---

❹ 譯注：沃康松（Jacques de Vaucanson, 1709-1782）是法國發明家，曾經製造機器人與自動織布機。

　　上帝也賦予人類才能，使他足以實現祂交託的命運。既然有神意的社會生理學，當然也有神意的個人生理學。社會器官（即社會機構）也是依照神意建構的，因此能和諧地在自由開放的環境中發展。因此，除去那些信口雌黃的江湖術士與計畫者！除去他們的套環、他們的鎖鍊，他們的鉤子以及他們的鉗子！除去他們的專斷做法！除去他們的社會工作坊、法隆斯泰爾、國家主義、中央集權、關稅、大學、國家宗教、無息貸款或銀行壟斷，除去他們的管制、限制、道德化與透過課稅進行的財富均平！在徒勞地為國家加諸這麼多系統之後，讓我們在此呼應文章開頭的說法。讓我們拋棄一切專斷的系統，給自由一個機會——自由是對上帝與上帝造物的信仰。

蠟燭製造商的請願書[1]

The Candlemakers' Petition

182

❶ 致法國議會的公開信，於1845年首次發表。

請願書

申訴人：蠟燭、燭台、燈籠、火柴、路燈、蠟剪、滅火器的製造商，還有牛油、油、樹脂、酒精、以及與照明有關的各種產品的製造商

致　國會議員諸公：

您們做得對極了。您們拒絕採用抽象的理論，而且不太關心產品供應是否充足、價格是否低廉。您們最關心的是生產者的命運，希望為其排除外來競爭，也就是穩住本國產業的國內市場。

在此提供您一個絕佳的機會。該怎麼稱呼它呢？您們的理論嗎？不，沒什麼比「理論」一詞更騙人了。您們的主義？體系？原則？但您們不喜歡教條、害怕體系，而至於原則，您們否認政治經濟學存在任何原則。因此，我們稱之為您的實務做法（practice），一種不具理論和原則基礎的實務做法。

　　我們正遭受一位競爭對手的毀滅性的競爭。他生產「光」的能力遠遠超過我們，以致於他能夠以驚人的低價，將他的產品充斥於本國市場。從他出現的那一刻起，我們的生意全泡湯了，所有消費者都轉而去購買他的產品。而且有一部分的法國產業，還包括其下無數的分支，就這麼一下子完全停滯了。這個對手不是別人，正是太陽！它正無情地向我們宣戰。我們懷疑，他是受到狡詐的英格蘭所煽動（現代一流的外交手腕！），特別是因為他對於那個傲慢島嶼的尊重，遠超過尊重我們。

　　在此懇求您們發揮愛心，立法要求人們必須關閉所有窗戶、屋頂窗、天窗、內外百葉窗、厚窗簾、豎鉸鏈窗、小圓窗、無法開啟的天窗，以及薄窗簾。簡單來說，也就是所有的開口、孔洞、裂口和裂縫，凡是陽光能夠通過、射入屋內的地方，都應該堵起來，以排除這位不利於我們，且幾乎難以匹敵的對手。畢竟，我們乃是一群忠心報效國家，而且從未對其忘恩負義的製造商。

　　敬愛的議員先生們，懇請您們愛人如己，嚴肅對待我們的請求，不要在尚未傾聽我們的理由前，就斷然拒絕我們。

　　首先，如果您們能夠盡可能關閉所有自然光的進出管道，並創造出對於人工照明的需求，那麼我們法國有哪個產

業不會備受鼓舞？如果法國消耗更多的動物油脂，那麼一定需要更多的牛和羊，最後我們將看到更多平整過的田地、肉品、毛料、皮革，特別是糞肥，那是造就所有農業財富的基礎。

如果法國消耗更多的油品，我們將會看到擴大種植罌粟、橄欖和油菜籽。這些豐潤卻會消耗土壤地力的植物，正好可以吸取增產的牛羊所排放至大地的肥料菁華，進而滋養生長。

我們的曠野，將會被富含樹脂的樹木所覆蓋。山上無數成群的蜜蜂，將會採集芳香的花蜜，把芬芳的氣息散布在空氣中，就像散發著芬芳的花朵一樣。到那時候，各個農業部門都會呈現欣欣向榮的發展。

我們的航運業也會成長。數以千計的船隻將投入捕鯨，不久後我們將擁有一支能夠維繫法國榮耀的船隊，讓我們這些在請願書上簽名的生產者的愛國心得以彰顯。

但我們該如何描述巴黎製品的特色呢？今後，我們在蠟燭、燈座、燭台，以及吊掛的晶亮枝形燭台上，將會看到鍍金、青銅和水晶裝飾，在寬敞的百貨商場裏閃閃發光。它將使得今天的百貨店看起來如同雜貨鋪一樣黯淡。

無論是在海邊高地割取樹脂的貧窮工人，還是在黑暗深

淵的窮困礦工，他們都會因為較高的工資和日益景氣，而感到高興。

各位先生，只要稍加思索就可以知道，從最富有的礦場股東，到最卑微的火柴小販，所有法國人的生活都會因為我們請願成功而有所改善。

各位先生，我們已經預見到了您們拒絕我們請求之理由。但是，那些理由無一不是出於那些鼓吹自由貿易者的陳腔濫調。我們敢說，您們提出用以反對我們的每一句話，都會回過頭去反駁您們自己，以及您們據以制定您們所有政策的原則。

您們會不會說，雖然我們會因為這項保護政策而獲益，但是法國會因此而遭受損失，因為消費者會蒙受損失？

我們的回答是：

您們根本沒有資格去談什麼消費者的利益；因為，每當消費者的利益與生產商的利益發生衝突時，您們總是說因為要「鼓勵產業發展」和「增加就業」，而犧牲了消費者。同理，這一次您們也應該這樣做。

的確，您們可以預期到反對聲浪。當有人告訴您們，消費者希望鐵、煤、芝麻、大麥和紡織品能夠自由進口，您們回答說：「是的，但是生產者希望把這些東西排拒在國門之

外。」很好，如果消費者希望自然光能自由進入，那麼人造光的生產者同樣也希望禁止自然光的進入。

您們可能還會說：「可是，生產商和消費者本就是一體的，是一個人的兩種身分。如果製造商因為保護政策而獲利，他們就會讓農民也得到好處；而如果農業發達了，就會為製造商找到出路。」說的好！如果您們把獨占權授予我們，讓我們在白天提供光亮，首先我們會購入大量的動物油脂、木炭、油、樹脂、蠟、酒精、銀、鐵、青銅和水晶，以便進行我們的生產。如此一來，我們和那些提供商品給我們的人，因此都變得更富裕了，因而會大量消費，讓本國的各行各業都蓬勃發展。

您們會不會說，陽光是大自然賜予的免費禮物，而拒絕接受這份禮物，就等於是拒絕財富本身，不是嗎？

但如果您們採取此一立場，等於是重重打臉你們自己的政策。請記住：一向以來您們總是排拒外國貨品，因為這些外國貨品比起本國貨品，某種程度上更近似於免費的禮物。相對於其他壟斷企業的請求，我們提出的請願可以說是加倍有理，而且是與您們一貫的政策完全一致的；如果僅僅因為我們的請求比別人更有根據就拒絕我們的請求，那就等於接受這樣的等式：正數 × 正數＝負數；換句話說，就是荒謬

加上荒謬。

　　讓我說明一下。在商品的生產上，人力和大自然依照不同的比例（視國家、氣候的條件而定）進行合作。大自然的那一部分總是免費的；而真正構成價值、並且獲得報酬的，是人類的勞動力。

　　如果葡萄牙里斯本的柳橙的售價，只有巴黎柳橙的一半，那是因為里斯本的柳橙受到太陽的天然加熱，也就是免費的氣溫所滋養；而巴黎的柳橙則需要人工來加熱，因此比較昂貴。

　　因此，當我們手拿一顆葡萄牙進口的柳橙時，我們可以說，這顆柳橙的栽種，有一半是免費的；換句話說，與巴黎柳橙相比，它只需一半的價格。

　　如今，正由於它是半買半送（恕我使用這樣的字眼），您們禁止它進入法國。您們說：「這樣一來，我國的勞工要怎麼跟外國勞工競爭呢？因為我們的勞工必須做所有的工作，而外國的勞工只須做一半的工作，太陽提供了另一半。」而假如這免費的一半，就已經使您們決定排拒外國競爭，那麼全部免費又怎麼會導致您們接受競爭呢？如果您們立場始終如一，您們不僅會抵制對本國產業有害的半免費外國產品，更會加倍抵制一個完全免費的東西進入法國。

　　再舉一個例子說明：當類似煤、鐵、大麥或紡織品的產品從海外運來，而我們可以用低於我們自行生產這些產品的勞動力來取得這些產品時，則這個勞動力的差異，就是我們所獲得的**免費禮物**。禮物的多寡就和上述差異的大小成正比。當外國廠商只要求我們支付原本價格的四分之三、二分之一或四分之一時，我們所得到的禮物就相當於是產品價值的四分之一、二分之一或四分之三。而當禮物的捐贈者是賜予我們陽光的太陽，而且它不收分文，那就太完美了。現在我們很正式地請問：您們是希望法國享受免費消費的利益，還是費力生產出來的虛假利益？您們自己作選擇吧，但必須合乎邏輯，因為：如果您們禁止進口（而您們確實也這麼做了）那些某種程度上價格趨近於零的煤、鐵、大麥和紡織品等，那麼允許經年累月價格都是零的陽光進入，那不是自打嘴巴嗎？

編後記

關於巴斯夏的作品，英譯本最早是由美國的「經濟教育基金會」（Foundation for Economic Education, www.fee.org）所出版。網路上有豐富的資源可供參考，Library of Economics and Liberty 的網站 www.econlib.org 有英譯本：

What Is Seen and What Is Not Seen

http://www.econlib.org/library/Bastiat/basEss1.html

The Law

http://www.econlib.org/library/Bastiat/basEss2.html#Chapter%202

The Candlemakers' Petition

http://bastiat.org/en/petition.html

沿著自由經濟的思路，經濟新潮社已出版了亨利・赫茲利特的《一課經濟學》、《通膨、美元、貨幣的一課經濟學》、瓦特・布拉克的《百辯經濟學》、莫瑞・羅斯巴德的《你的錢，為什麼變薄了？》、米爾頓・傅利曼的《選擇的自由》。還有艾茵・蘭德（Ayn Rand）的兩部重要小說《阿特拉斯聳聳肩》及《源泉》已有中譯本，也推薦給有興趣的讀者。如今巴斯夏的作品出版，做為此一思想路線的老祖宗，希望您喜歡，並且不吝批評指教。

國家圖書館出版品預行編目資料

看得見與看不見的經濟效應：為什麼政府常犯錯、
百姓常遭殃？人人都該知道的經濟真相／弗雷德
里克‧巴斯夏（Frédéric Bastiat）著；黃煜文,
李靈芝譯. -- 二版. -- 臺北市：經濟新潮社出
版：家庭傳媒城邦分公司發行, 2018.01
　　面；　公分. --（經濟趨勢；64）
ISBN 978-986-95263-7-1（平裝）

1.經濟學　2.文集

550.7　　　　　　　　　　　　　　　107000951